Fritz Bachmann

Getragen von Engeln und Elementarwesen

Fritz Bachmann

Getragen von Engeln und Elementarwesen

Die ätherischen Hüllen des Goetheanums

oratio

Oratio Verlag GmbH oratio books
Postfach 1063
CH-8201 Schaffhausen
Druck: IPOLY, Komarno
ISBN 3-7214-0702-4

INHALT

Vorwort

von Marco Pogačnik

Zu oft wird das Werk Dr. Rudolf Steiners an seine Worte genagelt. Das vorliegende Buch legt Zeugnis ab, dass es Bereiche gibt, in denen er vertieft wirksam war, obwohl dazu seinerseits nur ganz spärliche Aussagen zu finden sind. Waren Menschen am Anfang des 20. Jahrhunderts noch nicht genügend reif dazu, mit dem geomatischen Wissen konfrontiert zu werden? Oder hat der Zeitgeist für die Offenbarung des mehrdimensionalen Raumes eine andere Epoche vorgesehen?

Die Absicht von Fritz Bachmann geht nicht in die Richtung, mit denjenigen streiten zu wollen, die daran zweifeln, dass Dr. Steiner ein hervorragender Kenner der Geomantie war. Stattdessen lässt er die Leserin oder den Leser an seiner Erfahrung der geomantischen Gestaltung um das Goetheanum herum teilhaben. Noch mehr – durch die Wahrnehmungsübungen, die er vorschlägt, versucht er den Interessierten zu ermöglichen, dass sie seine Ausführungen selbst überprüfen können. Es geht gar nicht um die Fragen, die die Vergangenheit betreffen. Es geht darum, dass der Mensch an der Schwelle des dritten Jahrtausends sich tiefer in die Kommunikation mit den Kräften und seelischen Ausdehnungen seiner irdischen Heimat vortasten könnte. Die Plätze um das Goetheanum bieten gute Gelegenheit dazu.

Šempas, 18. Juni 2003

Wie es zu diesem Buch kam

Als angehender biologisch-dynamischer Landwirt bin ich dem Goetheanum das erste Mal im Winter 1973/74 begegnet. Damals habe ich mich allerdings eher auf die Veranstaltungen im Innern konzentriert und das Gelände nur als Durchgang dazu erlebt. In meiner 25-jährigen landwirtschaftlichen Praxis habe ich zunächst aus den Erfahrungen der biologisch-dynamischen Pioniere geschöpft, insbesondere hat mich mit Emil Meier eine intensive Freundschaft verbunden. Er trug die Anthroposophie im Herzen und hat mir einen realen Zugang dazu eröffnet.

In dieser Zeit der praktischen Anwendung der Anthroposophie in der Landwirtschaft bot mir das Goetheanum eine Möglichkeit, meine Kenntnisse der geistigen Zusammenhänge zu vertiefen und neue Fragestellungen und Ansätze des Umganges in den Alltag zu integrieren. Vor allem die Sonntagsveranstaltungen für die biologisch-dynamischen Bauern in der Schweiz und die Landwirtschaftliche Tagung waren für mich Quellen des Lernens. Ich habe es allerdings schwer gehabt, meine eigene intuitive Erfahrung mit dem anthroposophischen Wissen zu verbinden. Und hier hat Marko Pogačnik mit seiner modernen Geomantie, einer etwas anderen Form der Geisteswissenschaft, für mich einen Weg aufgezeigt, wie ich intuitive, inspirative und imaginative Wahrnehmung schulen kann, so dass ich ganz real einen Zugang zur Ätherwelt und Astralwelt in der Landschaft (und in der Landwirtschaft) gefunden habe. Geomantie bedeutet etwa: Wissen, das aus der Erde kommt, und beschäftigt sich mit dem feinstofflichen Leben der Erde und der Landschaft.

In dieser Erfahrung nun habe ich einen ganz neuen Zugang zu den biologisch-dynamischen Präparaten gefunden, weil ich sie jetzt nicht nur denken konnte, sondern sie in ihrem Wirken im Ätherischen und Astralen direkt wahrnehmen lernen konnte. Ich erlebte den Hof, ja überhaupt die Landschaft in einer neuen Dimension, wo das Geistige realer Bestandteil der erlebten Wirklichkeit wird – und war erstaunt, dass ich mit diesen Forschungen und Erkenntnissen bei meinen Freunden, gerade auch den anthroposophischen, nicht offene Türen einrannte, sondern auf sehr viel Vorbehalte gestossen bin. Und ich fragte mich, warum Rudolf Steiner denn keine Hinweise zur Geomantie hinterlassen hat. Als Marko Pogačnik auf Einladung der Naturwissenschaftlichen Sektion vor etwa drei Jahren nach Dornach kam, hat er mir gesagt, dass Rudolf Steiner ein hervorragender Kenner der Geomantie gewesen sei, man erlebe das an der Gestaltung des Geländes rund um das Goetheanum.

Diese Begegnung mit Marko hat bei den betroffenen Menschen in Dornach allerdings keine weitere Neugierde geweckt, und ich wollte mich nicht um Dinge kümmern, die mich direkt nichts angingen, und daher habe ich diesen Hinweis nicht weiter verfolgt. Im Winter 2001/02 wurde ich dann von einer Freundin aus Dornach gefragt, ob ich einmal ein Seminar zu Elementarwesen in Dornach machen könnte, insbesondere sei sie an den Zusammenhängen des Brunnenwassers in Oberdornach interessiert, weil schon Rudolf Steiner auf diese besondere Wasserqualität hingewiesen hat. Als ich im Frühjahr 2002 dieses Seminar vorbereitete, bin ich das erste Mal mit geomantischem Interesse ins Gelände des Goetheanums gekommen und hatte festgestellt, dass sich beim Felsli ein wichtiger Elementarwesenplatz für diese ganze Landschaftsregion befindet. Als ich mich in diesen Ort meditativ versenkte, war der erste Eindruck, dass hier Rudolf Steiner eine enge Zusammenarbeit mit den Elementarwesen begründet

1. Eichenkrone beim Elementarwesenplatz.

hat. Mein Interesse war nun geweckt, wenn ich mich auch für dieses Seminar auf Wasserwesen konzentrierte und diesen Aspekt des Felslis letztlich nicht in die Arbeit einbezog. In diesem Zusammenhang möchte ich noch auf das Buch von Tanis Helliwell «Elfensommer – meine Begegnung mit den Naturgeistern» hinweisen, wo ein Elementarwesen ihr erzählt, dass vor etwa 100 Jahren ein Gelehrter zu den Elementarwesen gekommen sei und ihnen empfohlen habe, eine Schulklasse zu bilden, die die Aufgabe hätte, die Menschen zu studieren. Und auf die Frage, wer denn dieser Gelehrte gewesen sei, antwortet das Elementarwesen: Rudolf Steiner.

Als mich dann mein Freund Raffael Kleinmann, der in Dornach wohnt und im Goetheanum studiert, ermutigte, mich doch konkreter mit den geomantischen Gestaltungen im Goetheanum-Gelände zu beschäftigen, habe ich einen Seminartag im Oktober 2002 in mein Programm aufgenommen, und wir erlebten in einer kleinen Gruppe Phänomene, die ich nun in diesem Buch darstellen möchte. Da diese Entdeckungen, bei denen ich immer mehr verstanden habe, was Rudolf Steiner mit seiner «Landschaftsarchitektur» eigentlich gemeint hat, für mich immer berührender wurden, fragte ich mich, wie ich diese Erfahrungen interessierten Menschen am besten zugänglich machen könnte. Da meine Seminararbeit nicht alle interessierten Menschen erreichen kann, und ich andererseits das Gefühl habe, die geomantischen Gestaltungen seien ein so wunderbares Geschenk von Rudolf Steiner an uns alle und sollten doch vielen Menschen erfahrbar gemacht werden, so ist der Entschluss gereift, all meine Erlebnisse, die ich allein oder mit Freunden in diesem Gelände gemacht habe, doch in dieser Buchform darzustellen. Hier besteht für den Leser die Möglichkeit, sich mit Geomantie in einer Form bekannt zu machen, in der er seine bisherigen Erfahrungsgewohnheiten und Erkenntniswege auch dazu benutzen kann, neue Gebiete der Realität zu entdecken.

Ich hoffe natürlich, dass das hier Dargestellte auch den einen oder anderen dazu ermuntern wird, die Dinge durch eigene Wahrnehmung zu überprüfen und sich so ganz real einen eigenen Zugang zu diesen feinstofflichen Realitäten zu erarbeiten. In einem separaten Kapitel möchte ich einige Hinweise und Übungen dazu geben.

Und nicht zuletzt spüre ich die Kraft, die entstehen kann, wenn diese wunderbare Komposition im Ätherischen von Rudolf Steiner, wie sie als Hülle für das Goetheanum dieses energetisch trägt, im Bewusstsein der Menschen ins Leben kommen kann und somit auf dieser Ebene das Goetheanum ganz neu getragen werden kann. Diese irdischen Lebenszusammenhänge des Goetheanums können dadurch, dass sie ins Bewusstsein, ins Herz der Menschen aufgenommen werden, belebende und tragende Kräfte für die dortige Arbeit freisetzen.

Dabei möchte ich den Leser auffordern, mir nicht einfach zu glauben, sondern versuchen, in sich selber nachzuvollziehen oder direkt wahrzunehmen, was ich hier darstelle.

2. Die Eiche neben dem Felsli mit ihrer markanten Kronenform.

Auch ich habe mich mit aller Skepsis der Geomantie und der Arbeit von Marko Pogačnik genähert. Erst nach mehrmaligem Prüfen und Abwägen habe ich mich dann aus einem tiefen Vertrauen in die Wahrhaftigkeit dieser Arbeit darauf einlassen können und sie später selber ergriffen.

Alle Darstellungen im Buch entsprechen meinen momentanen Wahrnehmungen, soweit ich die Orte jetzt verstehen kann. Andere Menschen nehmen sicher noch andere Ebenen wahr, weitere Feinheiten können erfahren oder neue Plätze entdeckt werden. Dieses Buch ist ein Spiegel meiner momentanen und subjektiven Wahrnehmung. Es geht nicht darum, meine Wahrnehmung zu übernehmen, sondern zu einer eigenen zu kommen, so dass der Leser mit der Zeit keinen «Guru» braucht für diese Dimensionen der Realität, sondern sondern diese immer mehr in sein Leben integrieren kann.

Ich hoffe, dem Leser ein Buch in die Hand geben zu können, das ihm einen neuen Zugang zum Goetheanum in seinem Landschaftszusammenhang ermöglicht und eine bis jetzt eher vergessene Realitätsebene in der Natur sichtbar machen kann. Ich verbinde damit auch die Hoffnung auf einen Brückenschlag zwischen der geisteswissenschaftlichen Arbeit der anthroposophischen Bewegung und der zeitgemässen Geomantie.

Es scheint mir die Zeit gekommen, in der auch neue Ansätze geistiger Forschung integriert werden können in bestehende anthroposophische Zusammenhänge. In diesem Sinne wünsche ich unterhaltsame, anregende und freudige Lesestunden.

Wie komme ich zu eigenen Wahrnehmungen?

Manchmal werde ich gefragt, wie ich denn meine Wahrnehmungen beweisen könne. Wir sind in unserer Kultur gewohnt, dass alle Realität auf der materiellen Ebene beweisbar ist, sonst ist es keine Realität, sondern «Glaube». Die sogenannte Wissenschaftlichkeit garantiert uns scheinbar eine Realität, obwohl die Erfahrung zeigt, dass alles wissenschaftlich beweisbar ist, so auch das Gegenteil.

Ich kann diese Autorität nun an Stelle der Wissenschaft auch an mir vertrauenswürdige «Wissende» abtreten. In beiden Fällen verliere ich aber meine eigene Autorität und mache mich vom Urteil anderer abhängig.

Wenn ich in diesem Buch von Phänomenen berichte, die auf der ätherischen, astralen oder geistigen Ebene angesiedelt sind, kann ich sie nicht auf der physischen Ebene beweisen, weil dort nicht die Phänomene, sondern höchstens ihre Auswirkungen wahrnehmbar sind. Und jeder Versuch, z.B. durch bildschaffende Methoden, ätherische Realitäten auf der physischen Ebene abzubilden, zeigen letztlich nur die Manifestation im Physischen und nicht die Realität im Ätherischen.

Ich möchte den Leser ermutigen, sich den Zugang zu einer eigenen Autorität in diesen feinstofflichen Realitätsebenen zu

3. Seminargruppe bei Wahrnehmungsübungen mit Marko Pogačnik im Jahre 1999 im Schwarzwald.

erlauben, indem er versucht, sich aus seinen eigenen Wahrnehmungen ein Urteil zu bilden.

Nach meiner Erfahrung gibt es nur subjektive Wahrnehmung, auch in der uns geläufigen Sinneswahrnehmung der materiellen Welt gibt es keine wirkliche Objektivität. Das Grün einer Wiese und die Form eines Baumes nehmen wir nicht direkt wahr. Die Nervenreizungen, welche durch die Lichtwellen auf den Rezeptoren unserer Netzhaut ausgelöst werden, haben nichts mehr mit Farbe oder Form zu tun. Erst die Verarbeitung dieser Nervenreizungen lässt in uns das Empfinden der Farbe

Grün oder die Baumform entstehe. Es ist ein subjektiver Vorgang. Das Bild der Wahrnehmung entsteht in uns selber. Wenn nun solche subjektiven Wahrnehmungen mehrerer Menschen im Austausch die gleiche Tendenz zeigen, komme ich zu einer gewissen (scheinbaren) Objektivität. Die Begrifflichkeit kann gemeinsam besser ausgebildet werden. Und genau das gleiche passiert mit der Wahrnehmung der nicht materiellen Ebenen der Welt. Da wir aber nur auf der materiellen Ebene die Gewohnheit haben, wahrzunehmen und auszutauschen, haben wir auch nur auf dieser Ebene die Sicherheit und unserer bewusste Verankerung. Unser Weltbild entsteht aus den Wahrnehmungen, die wir mit anderen im täglichen Umgang austauschen und als Realität festigen.

Die in diesem Buch beschriebenen Phänomene in der geistigen Realitätsebene können eigentlich von jedem Menschen wahrgenommen werden. Es braucht keine «Hellsichtigkeit» dazu. Deshalb muss ich die beschriebenen Dinge nicht einfach nur glauben. Ich kann sie mit meinem Herzen nachprüfen. Auch wir Menschen haben nicht nur eine physische Existenzebene (wenn diese allein da ist, liegen wir im Sarg), sondern auch eine ätherische, astrale, mentale und geistige Dimension. Wenn wir diese Dimensionen bei der Wesenheit Erde wahrnehmen wollen, so ist das etwas, was wir auch in uns haben, es ist nichts Fremdes. Unser Ätherleib z.B. kann in Resonanz gehen mit dem Ätherleib der Erde. Diese Resonanz ist unterschiedlich, je nachdem, an welchen Orten des Ätherkörpers der Erde wir uns gerade befinden. Und diese Resonanzen in unserer eigenen geistigen Leibesorganisation können wir lernen wahrzunehmen, wir können lernen, anhand dieser Resonanzen Zuordnungen zu machen, zu Begrifflichkeiten zu kommen, vor allem auch im Austausch dieser Erfahrungen mit anderen Menschen.

Dieser Wahrnehmung steht nun entgegen, dass wir unser Bewusstsein oft zu stark im Kopf verankert haben, der Satz «cogito, ergo sum» (ich denke, also bin ich) des französichen Philosophen Descartes zeigt, dass wir unsere Identität stark vom Denken abhängig gemacht haben. Durch diese Konzentration auf die mentale Ebene bleibt die Herzebene oder die Bauchebene, die Emotionen oder die Affekte, oft im Unbewussten, wir verschliessen unserem Bewusstsein den Zugang zu unserer Ganzheit. Dazu kommt, dass wir in unserer Kultur die irdischen Aspekte des Lebens «verteufelt» haben. Ein polares Weltbild hat uns beigebracht, das Irdische als dunkel, unerlöst, ja sogar dämonisch zu verdrängen und uns einseitig am Kosmos zu orientieren. In dieser Dualität haben wir unser Denken geschult und auch unsere Freiheit entwickeln können. Dazu mussten wir aber den einen Pol der Realität, eben den irdischen, «opfern». Da das Ziel der Freiheit des Menschen erreicht ist, können wir nun diese Einseitigkeit auflösen und unser Bewusstsein auch auf den irdischen Aspekt des Lebens richten und so wieder zu einer Ganzheit kommen. Da damit aber kulturelle Tabus berührt werden, ist dieses Ganzwerden nicht immer leicht, oft verfallen wir überwunden geglaubten

Wertungsmustern, oder wir haben Angst, diese als dunkel bezeichneten Aspekte wahrzunehmen.

Die beiden Hemmungen, die Angst vor dem oder die Ablehnung des Irdischen sowie die Konzentration des Bewusstseins im Kopf, auf der mentalen Ebene, hindert uns letztlich, frei in eine Wahrnehmung der feinstofflichen Ebenen der Realität zu gehen. Mit Übungen, auf die später eingegangen wird, kann ich daran arbeiten, diese Hindernisse abzubauen. Dabei stelle ich immer wieder fest, dass wir sehr geduldig sein müssen mit uns selber und nichts erzwingen dürfen. Für mich ist jede Wahrnehmung ein Zulassen, ein Geschenk, das ich nicht «machen», sondern nur empfangen kann. Ich kann aber mein Bewusstsein schulen, achtsam zu werden und sich zu öffnen für diese feinen Realitätsebenen, ich kann an meiner Empfänglichkeit arbeiten.

Übungen zur Wahrnehmungsschulung

Wenn ich nun konkrete Übungen angebe, möchte ich darauf hinweisen, dass sich jeder Mensch letztlich seinen eigenen Zugang zu diesen feinen Ebenen erspüren muss, schauen muss, wie er am besten zum Ziel kommt. Und auch die Formen, in denen er seine Wahrnehmungen erlebt, können ganz verschieden sein: ich kann Körperreaktionen spüren, zu Bewegungen geführt werden, ich kann Farben oder Töne erleben, ich kann Bilder bekommen. Und jeder muss versuchen, seine eigene Sprache zu verstehen. Auch hier gilt: Wir dürfen nicht ungeduldig werden, wenn diese Sprache uns anfänglich wie das Lallen eines kleinen Kindes vorkommt. Wir dürfen uns zugestehen, dass wir etwas noch nicht können und erst lernen müssen.

Als Erstes (und für mich eine tägliche Meditation) versuche ich, mein Bewusstsein von der mentalen Ebene in die Ganzheit hinein zu erweitern, mich zu «erden». Dabei gibt es verschiedene Formen: von (meditativen) Körperübungen bis zu reinen Meditationen. Diese Erdung ist wichtig, denn wenn ich nicht mit dem Ort verbunden bin, so besteht die Wahrscheinlichkeit, dass ich nicht den Ort, sondern mich selber, meine Gefühle und Gedanken, wahrnehme.

Erdungsübungen

1. Ich lege mich mit dem Bauch auf die Erde (auf das Gras oder den Fussboden) und umarme sie. Ich spüre, wie ich getragen bin von der Lebendigkeit der Erde, ich lasse mich von ihr beleben. Ich fühle mich geborgen und umhüllt. Ein Windhauch streicht über meinen Rücken, ich spüre die Liebkosung der Erde. Ich spüre, wie die Erde unter meinem Körper immer weicher wird und ich wie in ein weiches Federbett sinke. Ich rieche die Erde, spüre sie rundum auf meiner Haut, ich bin umhüllt, gewärmt und getragen von der Erde. Ich spüre die Schönheit und Kraft der Erde, lasse mich berühren im Herzen und am Körper. Ich spüre die Liebe der mütterlichen Erde und lasse einen Liebesstrom aus meinem Herzen antworten.

2. Ich sitze aufrecht, beide Füsse flach am Boden auf einem Stuhl oder stehe, die Knie nicht ganz durchgestreckt (dass meine Energien fliessen können), vielleicht auch im Grünen. Ich schliesse meine Augen und gehe mit meinem Bewusstsein in mein Herzzentrum in der Mitte meiner Brust, da, wo ich ganz bei mir bin. Ich spüre diesen Herzraum in seiner Qualität, ich spüre mich selber.

Nun lasse ich mein Bewusstsein in den Rücken wandern und steige langsam in den Hals und Kopf hinauf. Von hier lasse ich Wurzeln wachsen gegen den Himmel. Grosse, kräftige Wurzeln, die sich immer weiter verzweigen, bis weit in den

Kosmos hinauf, in die Sternenwelt hinein. Ich spüre die Kräfte und Qualitäten des Kosmos mit meinen Wurzeln. Ich spüre den Kosmos, der auch Erde ist. Im Erleben dieser kosmischen Kräfte nehme ich wahr, dass ich selber auch Kosmos bin. Meine Verankerung mit meinem Wurzelwerk im Kosmos ist so gross, dass ich nur noch ganz leicht auf dem Boden stehe (oder auf dem Stuhl sitze).

Mein Bewusstsein lasse ich nun wieder in meinen Herzraum zurückgleiten. Aus dieser Mitte wandere ich nun nochmals in den Rücken und von da hinunter ins Steissbein und die Füsse. Hier wachsen nun grosse, kräftige Äste in die Erde hinein, wie eine riesige Baumkrone, tief und weit in die Erde. Die starken Äste verzweigen sich bis zu den feinen Triebspitzen. Mit meinem Astwerk spüre ich die Qualitäten und die Kräfte der Erde. Ich spüre die Erde, die auch Kosmos ist. Im Erleben dieser Erdenkräfte wird mir bewusst, dass ich Erde bin. An meinem Astwerk lasse ich überall Knospen wachsen. Sie öffnen sich nach und nach gegen den Erdmittelpunkt hin, dort wo die Erde leuchtet wie eine Sonne.

Ich komme zurück in meine Herzmitte und erlebe, wie sich hier Himmel und Erde begegnen, wie ich eins bin mit dem ganzen Erdenkosmos.

3. Ich gehe in die gleiche Ausgangsposition wie in Übung 2, stehend oder sitzend. Ich schliesse die Augen und wandere mit meinem Bewusstsein in meine Herzmitte und erlebe diesen

Raum, wo ich ganz bei mir ankomme. Ich werde ruhig. Nun lasse ich im Rücken, über Hals und Kopf, eine Säule hinaufwachsen in den Kosmos. Immer weiter wächst diese Säule aus kristallweissem Licht zur Sternenwelt hinauf. In dieser Sternenwelt gibt es einen Stern, der speziell für mich leuchtet. Zu diesem meinem Stern lasse ich die Lichtsäule wachsen. Mit dieser Säule nehme ich das Glitzern, Strahlen, die Liebe und Kraft meines Sternes wahr, sie vermittelt es bis in mein Herz hinein.

Zurück in meinem Herzzentrum lasse ich nun im Rücken nach unten, über Steissbein und Füsse, eine ebensolche Lichtsäule in die Erde hinein wachsen. Tief und weit, bis in den leuchtenden Erdmittelpunkt hinein, dort wo sich unsere Säulen begegnen. Mit diesem Strahl erlebe ich das Leuchten, die Kraft und die Lebendigkeit der Erde. Sie vermittelt mir diese Qualitäten bis in mein Herzzentrum hinein.

Wenn ich mich nun in mein Herzzentrum hineinfühle, so erlebe ich das Glitzern und Strahlen meines Sternes, ich erlebe das warme Leuchten der Erde. Aus diesem kosmischen und irdischen Licht gespiesen, beginnt nun in meiner Herzmitte meine eigene Herzenssonne zu leuchten und zu strahlen. Aus einem kleinen Lichtfunken wächst meine Sonne immer mehr an und durchstrahlt meinen ganzen Körper. Und weiter wächst diese Lichtkraft und strahlt in die Welt hinein.

4. Ich setze mich aufrecht und mit beiden Füssen am Boden auf einen Stuhl, so dass der Rücken frei schwingt. Ich baue die Ver-

bindung zu Himmel und Erde auf, wie z.B. in Übung 2. Nun kippe ich mein Becken etwas nach hinten ab. Dabei öffnet sich eine Möglichkeit, dass die Urliebeskräfte der Erde, die Drachenkräfte, in mein Becken einströmen. Diese Liebeskräfte stehen jenseits der Polarität und nähren alles Leben (Schatten- sowie Lichtaspekte), sie füllen diese Beckenschale, meinen irdisch-mütterlichen Bereich im Körper.

Da ich beim Abkippen des Beckens einen runden Rücken gemacht habe, habe ich meine Aufrechte verloren. Ich spüre nun das Schwert Excalibur parallel zu meiner Wirbelsäule und gehe mit dem Oberkörper etwas zurück, ohne das Becken zu verändern, bis ich mich in diesem Ich-Strahl zum Kosmos befinde. Ich spüre die kosmischen Liebeskräfte auf mich niederströmen, sie rieseln über meinen Körper und werden in dieser Beckenschale aufgefangen.

Das Zusammenfliessen der irdischen Liebeskräfte und der kosmischen Christuskräfte steigt in mein Herz hinauf und entzündet da mein innerstes Licht, ganz im Zentrum meines Herzchakras. Diese eigene Liebeskraft, genährt aus den Drachenkräften und den Christuskräften, wächst immer mehr an und durchlichtet meinen Körper und strahlt in die Welt hinein.

Instrumente der Wahrnehmung

Um die feinen Realitätsebenen wahrzunehmen, gibt es auch Hilfsmittel, wie Rute oder Pendel. Es sind Instrumente, um feine Körperreaktionen auf das ätherische Umfeld sichtbar zu machen. Die Rute oder das Pendel bewegt sich nicht aus einem ätherischen Antrieb, sondern mein eigener Ätherkörper bewegt meinen physischen Körper mit ganz feinen Impulsen, die meist unbewusst bleiben. Wir meinen dann, die Rute schlage aus, in Wirklichkeit bewegen wir die Rute mit ganz feinen Bewegungsimpulsen. Ich kann aber lernen, meine Reaktionen direkt wahrzunehmen und so auf die Rute zu verzichten. Damit habe ich auch differenziertere Möglichkeiten als das einfache Ja/Nein von Ausschlag und Nichtausschlag.

Allgemeine Wahrnehmungsübungen

1. Lass dich (in der Vorstellung) ganz in die Erde hineinsinken. Drehe dich einmal ganz um deine vertikale Achse, nach dieser Drehung in die andere Dimension schaue aus dem Herzen heraus, beobachte den Ort und/oder deine Reaktion darauf.

2. Drehe dich mit dem Rücken gegen den Ort und schaue aus dem Rücken heraus, dann hast du die nach vorne gerichtete Verstandeskontrolle überlistet.

3. Halte deine Hände vor dein Gesicht, die Handflächen gegeneinander gerichtet. Nimm den ganzen Raum bis zum Horizont zwischen deine Hände. Presse nun den Raum mit den Händen immer mehr zusammen, bis zum Nullpunkt, wo die Hände auf die gleiche vertikale Linie kommen. Schliesse die Augen und gehe mit der Bewegung weiter, die Arme sind nun vor dem Gesicht gekreuzt, und schaue mit geschlossenen Augen in den umgestülpten Raum.

4. Stelle dich ganz entspannt (auch im Bereich des Bauches) hin, die Knie nicht durchgedrückt, schliesse die Augen und gehe mit Deinem Bewusstsein in die Ganzheit des Körpers, bis in die Aura hinein. Beobachte die Reaktion Deines Körpers, die Resonanz, die entsteht. Registriere genau, wo sich etwas verändert.

Bei all diesen Wahrnehmungsübungen kann es eine Hilfe sein, aus dem Energiefeld des zu beobachtenden Ortes wieder herauszutreten in eine «neutrale» Zone und die Übung zu wiederholen. Oft erkenne ich im Unterschied meine Reaktion besser.

Zweifel an der Wahrnehmung

Wenn ich in einer Wahrnehmung bin und Zweifel steigen auf (z.B. ob ich jetzt die Wärme des Ortes spüre oder die Sonne), so reissen mich diese Zweifel sofort zurück in den Kopf und ich verliere die Wahrnehmung. Ich darf während der Wahrnehmung keinen Zweifel zulassen, damit die Wahrnehmung auch wahr bleiben kann. Erst danach kann ich sie überprüfen mit meinem Verstande. Hier sind Zweifel erlaubt.

Ich überprüfe zum Beispiel meine Erdung. Wenn ich spüre, dass ich sie verloren habe, stelle ich sie wieder her und gehe nochmals in die Wahrnehmung. Sie wird sich jetzt vielleicht verändern. Wenn ich diese Erdung habe, so spüre ich auch, dass ich den Ort und nicht irgend etwas anderes wahrgenommen habe. Auch ein Überprüfen der Ebenen empfiehlt sich. Habe ich zum Beispiel im Ätherische oder im Astralen wahrgenommen, damit ich die Wahrnehmung besser einordnen kann.

Ebenso hilfreich ist es, mit anderen Menschen gemeinsam wahrzunehmen und sich auszutauschen. Oft erlebe ich, dass der andere weitere Aspekte des Ortes erkennen kann und wir gemeinsam ein viel umfassenderes Bild bekommen können. So kann ich immer mehr Vertrauen entwickeln in meine Wahrnehmungsfähigkeit.

Wahrnehmung (Tasten) mit den Händen

Die Begrifflichkeit in der physischen Welt ertasten wir als Kinder mit den Händen, wir «begreifen» die Welt im wörtlichen Sinne. Auch die feinstoffliche Welt kann ich mit meinen Händen begreifen lernen. Dazu versuche ich mit folgender Übung mein Bewusstsein ganz in die Hände zu bringen:

Ich halte meine beiden Hände vor mein Gesicht, die Handflächen zu mir gerichtet. Ich betrachte die Handflächen, als ob ich sie noch nie gesehen hätte: die Farbe, die Haut, die Struktur, die Formen, alles ganz intensiv. Nun wende ich meine Aufmerksamkeit ausschliesslich meiner rechten Hand zu, die linke lasse ich unbeachtet. Wieder betrachte ich mit einem intensiven Blick meine rechte Hand. Nun spüre ich nach einer Weile den Blick in meiner Hand, sei es als Prickeln, als Wärme, als Kälte, als Druck. Wenn ich ganz im Erleben meines Blickes angekommen bin, verlasse ich mit meinem Blick die rechte Hand und wende ihn ausschliesslich auf die linke Hand. Ich werde feststellen, dass sich die rechte Hand leert, und auf der linken Hand beginnt der Blick wieder wahrnehmbar zu werden. Und so, wie ich die

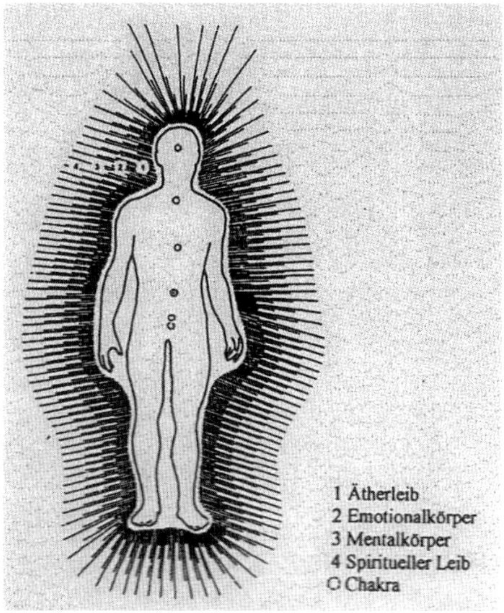

Auraschichten.

Ätherkraft, die Energie meines Blickes mit den Händen ertastet habe, so kann ich auch andere Phänomene wahrnehmen.

Wir können das Kraftfeld zwischen unseren Händen ertasten, oder wir versuchen, unsere Auraschichten zu ertasten. Sehr nahe am physischen Leib ist eine dichte Schicht, das Phantom, die Geistgestalt des physischen Leibes (strukturgebende Dimension). Von vielleicht 4 cm bis ca. 15 cm spüre ich eine andere Schicht; das ist meine ätherische Aura. Es ist hier eine Grenze festzustellen zur nächsten Schicht, der astralen Aura. Diese dehnt sich von ca. 35 bis 40 cm über den physischen Körper hinaus aus. Nach dieser Grenze spüre ich die mentale Schicht, hier erlebe ich die Grenze ca. 50 bis 60 cm entfernt, und ausserhalb spüre ich die spirituelle (geistige) Aura. Da komme ich schon an die Grenze der Reichweite der Hände.

Ich kann so auch die Aura-Schichten der Erde feststellen, hier sind grosse Unterschiede feststellbar, je nach Lebendigkeit und Kraft des Ortes und je nach der Bewirtschaftung. Biologisch-dynamisch gepflegte Flächen haben oft eine Ätherausstrahlung bis Kopfhöhe, im geistigen Äther meist über Mannshöhe, nicht mehr tastbar. Konventionell gepflegte Flächen haben oft eine ganz geringe Ausstrahlung von 10 bis 20 cm.

Mit diesem Tasten kann ich auch die Lebenskraft-Ausstrahlung z.B. von Lebensmitteln untersuchen.

Wenn ich nun in meinen Auraschichten meine Hände «geeicht» habe für die verschiedenen Strukturen, wenn ich weiss, wie sich der Ätherkörper anfühlt, wie sich der Astralkörper anfühlt, kann ich mit der Zeit auch im Ertasten meiner Umwelt spüren, auf welcher Ebene ich mich befinde, ich kann auch die eine Hand als Resonanz in der entsprechenden Schicht meiner Aura halten und mit der anderen einen Ort oder Gegenstand ertasten.

Wahrnehmen von Lebenskräften

Die Orte, wo Lebensenergien der Erde in chakrenähnlichen Organen in die Landschaft verwoben werden, haben meist eine viel stärkere Ätherausstrahlung. Ich kann mit meinen Händen den Platz als Ort erhöhter Ätherkraft wahrnehmen. Ich kann eine Strahlung spüren oder ein Pulsieren, ein Einströmen oder ein Ausströmen. Wenn ich nun in diesem Energiefeld meine Resonanzen überprüfe, werden eigene Chakren erlebbar, oder andere Signale helfen mir, diese Ätherkraft auch in ihrer Qualität einzuordnen. So spüre ich ein Herzorgan der Landschaft in meinem Herzchakra, das vitalenergetische Zentrum in meinem Solarplexus.

Wahrnehmen von Elementarwesen

Die Elementarwesen als Bewusstseinszellen der Erde (siehe auch das Kapitel «Der Elementarwesenplatz beim Felsli») haben ihre «Nabelschnur», ihre Verbindung in die Raum-Zeit-Dimension, auf der ätherischen Ebene. Ich nehme an diesen Orten einen Kraftwirbel wahr. Hier ist die Energie dieses Wesens konzentriert, hier kann ich gut in Kontakt kommen mit ihm. Das Bewusstsein des Wesens ist aber nicht auf der ätherischen Ebene, es ist auf der astralen Ebene. Es entspricht unserer emotionalen Ebene, unserer Herzebene. Und eine Kommunikation ist nur auf dieser Ebene möglich, in Form von Gefühlen und Bildern. Folgende Übungen sollen helfen, diese Ebene zu erreichen.

1. Konzentriere alle deine Lebenskräfte in deinem Herzchakra, mach eine Kraftspirale in Dein Herz hinein. Halte die Lebenskräfte eine Weile in deinem Herzen fest. Dann lass sie plötzlich ausströmen und versuche wahrzunehmen, was dir auf dieser Herzebene entgegenkommt.

2. Verkleide dich mental als «Urmensch», indem du Federn in die Haare steckst, das Gesicht mit Farbe bemalst und dir ein Fell um den Bauch hüllst. So kommst du weg vom Kopfmenschen. Als solcher Urmensch bist du für die Elementarwesen wahrnehmbar und sie können sich dir zeigen.

3. Konzentriere dein Bewusstsein in deinem Herzchakra. Spüre eine Kugel für deinen Herzraum, gefüllt mit deinem Bewusstseinslicht. Mache eine Öffnung in die Kugel und stülpe sie um,

so dass das Innere nach Aussen kommt. Nimm auf dieser Ebene wahr.
Es gibt natürlich noch viele Wege, zu einer Wahrnehmung dieser feinen Realitätsebenen zu gelangen. Dies ist nur eine kleine Auswahl an Anregungen, den eigenen Weg zu gehen. Mit der Zeit werde ich ein ganz differenziertes Instrumentarium zur Verfügung haben, das mir erlaubt, mich in diesen Bereichen selbständig zurechtzufinden.

Elementarwesen und Elementarwesenzentrum

In der Einleitung habe ich schon erwähnt, dass ich auf das Felsli im Zusammenhang mit einem Seminar in Dornach über Elementarwesen aufmerksam wurde. Wenn ich ein Seminar vorbereite, baue ich mir zuerst über die Landkarte einen ersten Kontakt zum betreffenden Ort auf. Die Landkarte kann ich in Resonanz mit der Landschaft erleben und mit meinen Fingern

4. Der Elementarwesenplatz unterhalb des Felsli, vom Speisehaus aus gesehen.

und Händen über der Karte die unsichtbaren Strukturen der verschiedenen Ebenen der Landschaft ertasten. Das kann auch so verstanden werden, dass die Karte einen Fokuspunkt bietet, an dem ich bewusstseinsmässig in die Landschaft eintauchen kann. Mit dieser Methode des Tastens mit den Fingern habe ich über der Karte das Felsli gefunden und anhand der Schwingung, der Äther- und Astralstruktur gespürt, dass sich hier ein Elementarwesenzentrum befindet. Was verstehe ich nun unter Elementarwesen und was ist ein Elementarwesenzentrum? Diese Begriffe möchte ich im Folgenden klären.

Zum Verständnis des Begriffs «Elementarwesen»

Die Erde hat als lebendiges Wesen – ähnlich dem Menschen – einen Ätherkörper, ein System von Lebensenergien. Es sind verschiedene Formen, verschiedene Ebenen von solchen Lebensenergien unterscheidbar. Diese Lebenskräfte haben gewisse Zentren, ähnlich den Chakren beim Menschen, aus denen heraus die Verbindung in die Landschaft erfolgt. Unter Chakra verstehe ich ein feinstoffliches Organ, das die Ätherkräfte im Ätherleib und bis in den physischen Leib hinein strömen lässt.

Neben diesem System von Lebensenergien hat die Erde auch ein Bewusstsein mit der Aufgabe, diesen Kräftefluss im Ätherischen zu koordinieren und in Gang zu halten. Das Erdenbewusstsein können wir uns in einzelne Zellen aufgeteilt vorstellen, die sowohl miteinander verbunden sind als auch sich für spezifische Aufgaben individualisiert haben. Diese Bewusstseinszellen nennen wir traditionellerweise Elementarwesen. Diese Elementarwesen haben verschiedenste Aufgaben und ihr Reich ist daher sehr differenziert gegliedert. Grundsätzlich können wir diese Wesen in 4 Gruppen unterteilen, zugehörig zu den vier Elementen: Erde, Wasser, Luft und Feuer. Ich habe mich als Geomant vor allem mit den Landschafts-Elementarwesen auseinandergesetzt. Dabei muss ich mich aber lösen von den Vorstellungsmustern in den Kinderbüchern. Diese Wesen erlebe ich eher in ihrer Aufgabe als in einer Form. Sie sind letztlich jenseits von Raum und Zeit, haben aber eine Verbindung in diese materialisierte Welt, damit sie hineinwirken können. Diese ätherische Verbindung, diese Nabelschnur, nennen wir in der Geomantie Fokus. An einem solchen Fokuspunkt können wir ihr Wesen und ihre Identität am besten wahrnehmen, weil wir uns ganz in ihrem spezifischen Energiefeld befinden.

Wir dürfen uns diese Wesen aber nicht als «Gestalten» vorstellen, die an diesen Fokuspunkten «sitzen». Das wäre eine unadäquate Vermenschlichung. Ein derartiges Hineinpressen in eine Vorstellung bindet diese Wesen, so dass sie gar nicht mehr frei für ihr eigenes sind. Als Menschen sind wir auch Schöpfer, und unsere Gedankenmuster wirken auf der Astralebene. Wir prägen so Elementarwesen. Wenn diese Muster aber aus einer Unverbundenheit mit dieser Welt menschliche Verhältnisse spiegeln, verlieren diese Wesen ihre wahre Identität und können ihre Aufgabe nur noch eingeschränkt erfüllen. Eine Verarmung der Astralwelt und damit auch der Ätherwelt ist die Folge. Daher ist es so wichtig, dass wir ohne Vorstellung und ohne Vermenschlichung an einen Kontakt herangehen. Sie sind gleichzeitig überall und haben ihr Bewusstsein auf der Astralebene, ihren «Körper», eben diese Nabelschnur, auf der ätherischen Ebene.

Kommunikation mit Elementarwesen

Da diese Wesen ein Bewusstsein haben, können wir Menschen sie als Gegenüber, als Persönlichkeit erleben und mit ihnen kommunizieren. Und wenn wir ein Gesicht «sehen», so ist das die Bildsprache für eine Persönlichkeit, für ein Gegenüber und hat nichts mit einem realen Gesicht zu tun. Dabei müssen wir uns klar werden, dass die Elementarwesen keine mentale Ebene kennen, auf der wir unter Menschen üblicherweise kommunizieren, sondern sie sind mit ihrem Bewusstsein auf einer Ebene, die unserer emotionalen Ebene, unserer Herzebene entspricht. Ich muss also meine Fragen in Gefühle übersetzen und so die Verbindung Elementarwesen herstellen. Die Antwort des Elementarwesens wird mich ebenfalls in Form von Gefühlen oder von Bildern erreichen, die ich dann wieder «übersetzen» kann in die lineare Sprache, wenn ich sie z.B. aufschreiben will. Wenn aber der Kontakt direkt in einer mental fassbaren Sprache besteht, ist es ungewiss, ob es sich tatsächlich um ein Elementarwesen handelt, oder ob ich menschliche Gedankenformen aus der Astralebene wahrgenommen habe.

Diese Elementarwesen haben in der Landschaft immer wieder Zentren, wo sie miteinander kommunizieren, Informationen austauschen und wo sie «verankert» zu Hause sind. Diese Plätze haben als «Hüterwesen» Fokuspunkte von je einem Vertreter aus allen vier Elementarwesengruppen. Wenn wir in den Bereich eines solchen Elementarwesenzentrums hineinkommen, haben wir oft das Gefühl, einen sakralen Raum zu betreten. Die Atmosphäre ist auf der emotionalen Ebene sehr dicht, wir fühlen uns berührt. Es sind kleinere Landschaftsräume, in denen die verschiedenen Funktionen in der materiellen Welt verankert sind. So gibt es einen Ort, wo ich die Verankerung der Wesen in der Erdentiefe erlebe, die Verbindung zu Erdmutter. Als weitere Funktion habe ich die Kommunikation erwähnt. Diese Kommunikation erlebe ich nicht in Form einer menschlichen Konferenz, sondern es fühlt sich eher wie ein geschwätziges Tanzen an. Daher nenne ich die Orte dieser Kommunikation «Tanzplatz».

Entwicklungsstufen der Elementarwesen

Was mich beim Elementarwesenplatz unterhalb des Felsli besonders berührt hat, war die Tatsache, dass diese oben erwähnten Hüterwesen in den 4 Elementen alle die höchste Entwicklungsstufe erreicht haben. Marko Pogačnik beschreibt in seinen Büchern «Elementarwesen» und «Schule der Geomantie», dass die Elementarwesen auch eine Entwicklung durchmachen, auch Jakob Streit beschreibt in seinen Kinderbüchern dieses Phänomen der Entwicklung bei den Erdelementarwesen. Und hier am Felsli erlebe ich das Erdelementarwesen in der Stufe des «alten Weisen», das Wasserwesen als Nymphenkönigin, das Luftwesen als Deva und das Feuerwesen als Muse. Mit diesen Namen meine ich also diese jeweils höchsten Entwicklungsstufen, auch wenn sie in anderen Zusammenhängen sicher auch anders verwendet werden. Nach meiner Erfahrung haben wir in der Landschaft, verglichen mit den Wesen, die um das Pflanzenwachstum herum tätig sind, eine nächsthöhere Entwicklungsstufe mit einem erweiterten Aufgabenbereich. Oft finde ich ein Elementarwesen der höchsten Entwicklungsstufe als Hüterwesen für einen grösseren Landschaftsraum. Auch im Zusammenhang mit steinzeitlichen Sakralplätzen, wo in alten Zeiten die Menschen ihre religiösen Rituale durchführten, ihre Einweihungen erlebten, sind Elementarwesen der höchsten Entwicklungsstufen präsent. Ich erlebe sie so, dass sie eine priesterliche Aufgabe in Zusammenarbeit mit den Menschen erfüllten. Im Zusammenhang mit den Selbstheilungsprozessen der Erde, wie sie im Zuge mit den Erdwandlungsprozessen, welche seit 1997 in Gang gekommen sind und von Marko

Pogačnik in seinen Büchern «Erdsysteme und Christuskraft» sowie «Und die Erde wandelt sich» beschrieben werden, gibt es immer mehr solche Elementarwesenplätze mit Wesen der höchsten Entwicklungsstufe, welche die Aufgabe übernommen haben, in gewissen Ebenen der Astralsphäre, wo alle Gedankenmuster, Emotionen etc. der Menschen abgelagert werden, zu reinigen und so dazu beitragen, dass die weiterführenden Kräfte für die Erde und die Menschen besser zur Geltung kommen können.

Wie nehme ich Elementarwesen wahr?

Wir Menschen haben auch einen Ätherleib und einen Astralleib wie die Erde. Wenn wir mit unserem Bewusstsein in die Ganzheit unseres Körper hineingehen lernen, können wir die Resonanzen wahrnehmen, die entstehen, wenn wir uns in speziellen Energiefeldern der Erde befinden. Und diese Körperresonanzen kann ich mit der Zeit einordnen, ich kann mich «eichen» und die verschiedenen Energien unterscheiden lernen. So habe ich persönlich zum Beispiel bei Elementarwesen im unteren Bereich des Herzchakras eine Resonanz. Ich spüre eine Aktivierung, einen angenehmen Druck in diesem Bereich. Dazu habe ich an den Yin-Chakren, welche in 4 Kreisen um das Herz angeordnet sind (siehe Zeichnung) Resonanzen auf die Elemente, z.B. spüre ich die Handflächen bei Luftwesen. Wenn ich in der

Stirn ein Ziehen spüre, so bedeutet das die Präsenz eines hohen Wesens. Wenn ich nun an einem Fokuspunkt das untere Herz, meine Handflächen und meine Stirn spüre, so heisst das für mich, dass ich im Energiefeld einer Deva, eines hochentwickelten Luftwesens bin. Eine andere Methode besteht darin, zu spüren, in welcher Schicht meiner Aura sich das beobachtete Phänomen befinden. Ist es zum Beispiel die zweite Schicht, die emotionale Ebene der Aura, die sich im Bereich von ca. 10 bis 40 cm um unseren physischen Körper ausdehnt, bin ich auf der Astralebene, wo die Elementarwesen ihr Bewusstsein haben. Über Chakren und weitere Resonanzen kann ich dann eine Zuordnung machen. Damit habe ich aber noch keine Information über seinen Zustand, seine Funktion, sondern erst über die Zuordnung zur Wesensgruppe, Entwicklungsstrufe, etc. Um Genaueres zu erfahren über diese Wesen, muss ich versuchen, mit dieser Energie aus dem Herzen heraus eins zu werden, zu verschmelzen, und kann dann in mir anhand von Ge-

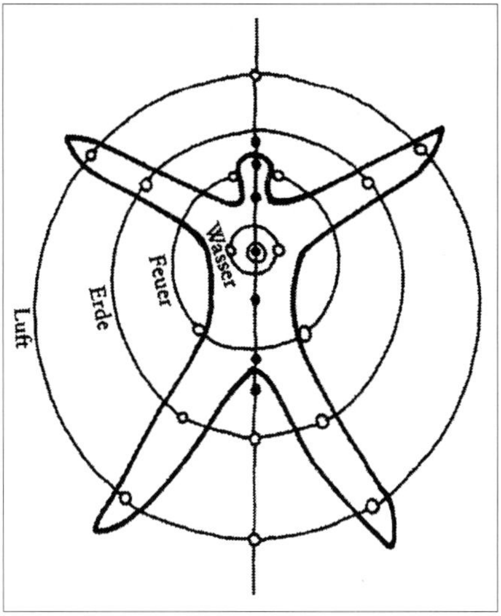

fühlen und Bildern das Wesen in seiner Lebendigkeit wahrnehmen. Ich selber sehe selten Formen oder Gestalten. Andere Menschen können die Phänomene aber auch in Bildern wahrnehmen. Dabei sind solche Bilder nicht ein Abbild der Wirklichkeit, wie etwa eine Foto, sondern von uns geschaffene Formen, um das Erlebte «anschaulich» zu machen. Wenn ich also eine Gestalt sehe mit fliessenden Gewändern, sehr bewegt, mit einem strahlenden Gesicht, so heisst das nicht, dass diese Fee (als Bezeichnung für ein Luftelementarwesen) wirklich so aussieht. In dieser Welt der Formenlosigkeit bilden wir Menschen Zuordnungen zu Formen, die uns die Unterscheidung ermöglicht. Wenn wir ein «Gesicht» sehen, so bedeutete es, dass wir einem Bewusstsein gegenüberstehen, fliessenden Gewänder sind vielleicht ein Bild für das Selbstgefühl dieses Wesens, die Bewegung ein Bild für die Aufgabe.

Darum sollten wir uns auch lösen von den vermenschlichten Darstellungen von Elementarwesen, wie sie uns in Märchenbüchern u.ä. entgegenkommen. Im Gegenteil, da unsere Gedanken und Vorstellungen ja Kräfte sind, die gerade auf diese Astralebene wirken, in der die Elementarwesen ihr Sein haben, besteht die Gefahr, dass mit solchen Bildern die Elementarwesen in Formen hineingepresst werden, welche ihrer eigentlichen Aufgabe nicht gerecht werden, sie sind durch diese Vorstellungen eingeschränkt. Wir sollten ihnen die Freiheit lassen, uns sich in den Formen zu zeigen, die sie selber wählen. Und sie schenken uns diese Formen, um sich uns gegenüber «anschaulich» zu machen, nicht weil sie Formwesen sind.

Wenn wir nun versuchen, in ein «Gespräch» zu kommen mit diesen Elementarwesen, so muss dieses ganz auf der Herzebene, in Form von Gefühlen und Bildern geschehen. Ich kann fragen: «Wie geht es Dir?» und diese Frage in ein Gefühl von Anteilnahme, von Mitgefühl kleiden. Und ich bekomme vielleicht als Antwort ein Gefühl von Festigkeit, Kraft und Aktivität. Und wenn ich diese Antwort übersetze, heisst sie vielleicht: Ich bin gut verbunden in meiner Aufgabe, kann sie zielgerichtet erfüllen und bin sehr beschäftigt.

Der Zugang zum Goetheanum über den Felsliweg führt uns durch das Elementarwesenzentrum

Rudolf Steiner hat darauf hingewiesen, dass die Menschen vor allem über den Felsliweg zum Goetheanum gelangen sollen. Dieser beginnt gegenüber des Speisehauses. Wir sehen das Goetheanum von Südwesten her auf der Anhöhe, Obstbäume und Nussbäume sind in die Flächen dazwischen gepflanzt. Im Anfangsbereich dieses Weges durchqueren wir diesen schon erwähnten Elementarwesenplatz. Unterhalb der Wegböschung in Richtung Speisehaus ist das kleine Wasser mit seiner Umgebung ein Organ dieses Elementarwesenplatzes. Die Felsen gegen das «Felsli» sind ein weiterer Bereich dieses Platzes. Es ist berührend zu erleben, dass bei alten Einweihungswegen (Drachenwegen) aus der Steinzeit, die energetisch oft noch sehr gut erlebbar sind, der Eingang, der Beginn, immer in diesem Elementarwesenbereich war. Diese Wesen sollen den Menschen begleiten auf seinem weiteren spirituellen Weg.

Ein solcher alter Platz ist z.B. die Chlus in Aesch (BL). Der Elementarwesenplatz befindet sich bei der unteren Chlus auf den Chlusberg. Dort ist auch der Beginn des Einweihungsweges. Das Ende, der zentrale Einweihungsplatz, liegt im Cholholz bei der oberen Chlus. Dieser Platz ist energetisch verbunden mit dem Goethanum-Gelände. Es führt eine Ley-Linie von diesem Einweihungsplatz über die Achse des Hauses Duldek nördlich des Goetheanums vorbei in die Eremitage. Eine solche Ley-Linie ist ein Energiemeridian der Erde, welcher die Lebenskräfte der Landschaft erneuert und Verbindungen auf der geistigen Ebene schafft. Kirchen und Klöster sind oft auf oder an solchen Linien gebaut worden. Damit ist das Goetheanum energetisch angebunden an diesen uralten Platz in der Chlus sowie an die Eremitage, wo ich eine Sphäre der Menschwerdung erlebe. Das sind Plätze, welche energetisch Kräfte verankert haben, die sich die Menschen für ihre weitere Entwicklung nutzbar machen können. Durch diese energetische Verbindungslinie erlebe ich das Goetheanum eingebettet zwischen dem uralten Platz des Kontaktes mit den erdmütterlichen Kräften und dem Platz der Menschenzukunft in der Eremitage.

5. Bei diesen Weiden hat das «Urmutterwesen» seinen Fokuspunkt.

Zurück zum Felsliweg: In diesem Bereich links des Weges, wo eine Zufahrt an den Fuss der Böschung führt, finde ich zwischen Holunder und Hasel den Kommunikationsort, den «Tanzplatz» der Elementarwesen. Ich erlebe Bewegung und Präsenz von vielen Elementarwesen und eine geschwätzige Stimmung. Bei der Schwarzerle, beim kleinen Bach, spüre ich die Verankerung der Elementarwesen im Irdischen. Gehütet wird dieser Verankerungsplatz durch ein Elementarwesen, das ich als «Urmutterwesen» bezeichnen möchte, eines, das zu den 4 Elementen keine direkte Zuordnung hat. Sein Fokuspunkt ist bei den beiden Weiden. Auf der rechten Seite des Weges, dort wo er eine

Linksbiegung macht, von der Wegmitte in die Wiese hinein, erlebe ich einen Verankerungspunkt ins Kosmische hinein. Diese kosmische Verankerung scheint mir neu zu sein. Seit einigen Jahren beginnt sich die Polarität von Himmel und Erde im Zuge der schon einmal erwähnten Erdwandlungsprozessen aufzulösen. Neue Elementarwesen haben einen starken kosmischen Bezug, aber wie ich gerade beim Felsli erlebe; auch «alte» Elementarwesen bauen sich einen kosmischen Bezug auf. Dieser kosmische Verankerungsplatz wird gehütet von einem Engelwesen, das ganz stark Elementarwesenqualitäten integriert hat. Dieser Engel hat seinen Fokus rechts des Weges in der Wiese.

Die vier Elementarwesen als Hüter des Platzes

Wenn ich mich auf dem Felsliweg von unten dem Bereich des eigentlichen «Felsli» nähere, so erlebe ich einen Bereich, der weitgehend seine natürliche Gestaltung beibehalten hat. Im unteren rechten Bereich, wo der Kontakt zur Obstwiese erlebt wird, steht hinter den ersten Steinen der Fokus eines hochentwickelten, männlichen Erdelementarwesens. Marko nennt sie «alter Weiser». Ich erlebe ihn als mächtig, ruhig, fest, liebevoll, wissend. Wenn ich eine Gestalt zeichnen müsste, hätte sie im unteren Bereich einen kräftigen Sockel, eine gute Erdverbundenheit und Standfestigkeit. Es entsteht bei mir ein Gefühl der Geborgenheit und Sicherheit, des Angenommenseins. Ich selber

6. Im Bereich dieser markanten Eichen haben die vier Hüterwesen ihren Fokuspunkt.

fühle mich stark erdverbunden, ich spüre meine Erdenschwere als positive Eigenschaft.

Links der ersten Eiche, gegen den Felsen hin, spüre ich den Fokuspunkt eines hochentwickelten Luftwesens, einer Deva. Es ist ein Gefühl von kräftiger Weiblichkeit, viel Bewegung und liebevoller Berührung. Ich erlebe eine hoch hinaufragende «Gestalt», mit einem Gefühl von wirbelnden Schleiern. Dieses Wesen hält die Raumqualitäten in der Landschaft aufrecht, insbesondere den Raum der Liebe.

Ein paar Schritte weiter, rechts oberhalb der zweiten Eiche, spüre ich den Fokuspunkt eines hochentwickelten Wasserwesens, einer Nymphenkönigin. Hier erlebe ich auch Bewegung, aber wellenförmig und fliessend. Das hohe Wesen berührt mich auf der Gefühlsebene. Seine Aufgabe ist es, die Lebensströme an die Materie heranzuführen, die Lebensprozesse aufrecht zu erhalten.

Als viertes Element fehlt uns noch das Feuer. Dieses Wesen ist ganz oben fokussiert, knapp unterhalb der eigentlichen Felslimauern bei einer kleineren Eibe, neben einem Hangbefestigungsmäuerchen. Dieses Wesen nenne ich Muse. Es fühlt sich flackernd, belebend, gross und inspirierend an. Seine Aufgabe ist es, die «Begeisterung» in die Landschaft hineinzutragen.

Die astrale Reinigungsaufgabe

Wenn ich mich auf alle diese vier Wesen konzentriere und versuche, ihr Zusammenwirken zu erleben, so spüre ich eine grosse Membran, die sie im Bereich des Felslis aufrecht erhalten. Diese Membran wird von ihnen in ständiger Schwingung gehalten, die bis in die Ebene hineinwirkt, wo sich Astralmüll (Unverdautes und Unerlöstes aus dem menschlichen Leben) ansammelt. Durch die feine Vibration haben diese Astralteile die Möglichkeit, die Verfestigung wieder aufzulösen. Die astrale Ebene wird frei von diesem vergeistigten Müll... Damit bekommt dieses Elementarwesenzentrum auch in Bezug auf unser menschliches Leben eine wichtige Aufgabe. Ohne diese Unterstützung wären wir unserem eigenen Astralmüll gegenüber hilflos, beinahe ausgeliefert, und würden seine lebensfeindliche Wirkung ungebremst in unserem Alltag spüren. In alten Zeiten, als die Menschen noch ein Bewusstsein von der Hilfe durch die Elementarwesen hatten, dankten sie ihnen auch regelmässig, vielleicht sogar mit kleinen Gaben, für ihre Unterstützung.

7. Zweistämmige Bäume sind oft Anzeiger eines Elementarwesen-Fokuspunktes. Hier die Eiche, hinter der das Wasserwesen seine «Nabelschnur» in die Raum-Zeit-Dimension hat.

Die Sternenbank

Nach der Rechtsbiegung des schmalen Weges bildet im weiteren Verlauf ein kleines Mäuerchen, das den Hang abstützt, eine kleinere Nische, in der eine Sitzbank zum Verweilen einlädt. Ich sehe von da aus nicht zum Goetheanum, nur in die weite Landschaft hinaus. An diesem Ort erlebe ich ein feines Nie-

8. In dieser Atmosphäre lässt sich gut ruhen.

derrieseln einer zarten und lichtvollen Energie. Es sind Sternenkräfte, die hier in einem Ätherstrom sich in die Erde hinein befruchtend und inspirieren ergiessen. Ich kann an diesem Ort meinen eigenen kosmischen Aspekt des Seins gut erleben und mit dem Fixsternbereich des Kosmos in Kontakt treten.

Diese Nische und die Bank wurden von Rudolf Steiner angelegt. Für mich ergibt sich aus dieser Anlage eine Einstimmung, ein sich Vorbereiten des Menschen durch den Kontakt mit den kosmischen Kräften findet statt, so wie vorher durch die Elementarwesen im irdischen Bereich. Es findet also eine Vorbereitung des Menschen im Erleben des irdischen und kosmischen Aspektes auf dem Weg zum Goetheanum statt.

Das Felsli geomantisch betrachtet

Im Buch über die «Orte der Kraft in der Schweiz» beschreibt Blanche Merz verschiedene Kraftplätze, unter anderem auch die Klus bei Aesch im Kanton Basellandschaft. Ein derartiger Kraftort befindet sich auch auf dem Goetheanum-Gelände, auch wenn er im erwähnten Buch nicht beschrieben ist, und zwar handelt es sich um das Felsli. Auf einer Felsennase, die westlich des Goetheanumgebäudes einen markanten Geländepunkt darstellt, wurde von Rudolf Steiner eine Gestaltung mit Mauern und einem Plateau angelegt. Seit es restauriert wurde (vor etwa 15 Jahren), zieht es mit seiner Kraft viele Menschen an, die dort mit dieser Erdkraft in Kontakt kommen möchten. Was ist das denn für

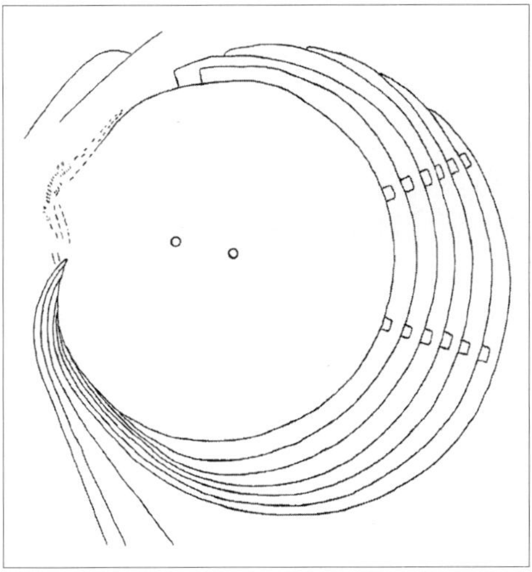

9. **Skizze des Felsli mit den beiden Linden in der Mitte.**

10. Blick vom Felsli in Richtung Goetheanum mit den drei sichtbaren Mäuerchen und der Nussbaumreihe. Der Kräftestrom wird in diesem Bild erlebbar.

eine Kraft? Es gibt verschiedene Ätherebenen, Energieformen in der Landschaft, und der Kraftort bei Aesch ist auf derselben Ebene wie das Felsli; es ist die vitalenergetische Ebene.

Wie ich auf einer Untersuchung auf der Karte und anschliessend im Gelände festgestellt habe, ist beim Felsli das vitalenergetische Zentrum von Dornach lokalisiert. Was ist ein vitalenergetisches Zentrum? Es ist ein Organ, ein Chakra der Erde, welches aus den Erdentiefen Lebenskräfte, warme, starke, tragende Erdkräfte sammelt, die unmittelbar unter der Erdoberfläche konzentriert sind. Dazu gesellt sich ein Strahl kosmischer Energie, eine klare, gerichtete und aktivierende Kraft. Diese beiden Kraftströme werden zusammen an diesem Ort konzentriert und von hier strahlenförmig und weit in die Landschaft verteilt. Daher hat dieses Organ auch noch einen anderen Namen: Sternförmiges Zentrum. Diese gradlinig verlaufenden Strahlen mäandrieren nur ganz minim und enden oft wieder in einem solchen sternförmigen Zentrum. Mit der Verteilung dieser Zentren über grosse Landschaftsräume entsteht ein Netz von Energiemeridianen, von Lebenskraftbahnen über die ganze Erde. Diese Kraftlinien werden auch Ley-Linien genannt. Sie verteilen Lebenskräfte, Ätherkräfte, in die Landschaft, sie nehmen dabei auch verbrauchte Lebensenergie wieder auf. Neben dieser belebenden Funktion haben diese Linien auch eine verbindende Funktion. Das Leben wird weiträumig vernetzt. Neben dieser Lebenskraftverbindung entsteht dadurch aber auch eine geistige Verbindung. So stehen oft Kirchen auf solchen Ley-Linien. In England redet man auch von heiligen Linien.

Als Beispiel möchte ich das Münster in Basel erwähnen, das gerade neben dem vitalenergetischen Zentrum gebaut wurde. Das Zentrum befindet sich unter den Linden des Münsterplatzes, zwanzig Meter seitlich des Gebäudes. Von hier aus führt eine Linie nach Zürich, wo das vitalenergetische Zentrum auf dem Lindenhof (ehemals Areal eines Klosters) verankert ist. Eine weitere Linie führt von Basel nach Konstanz. Hier steht das Münster mit seiner Apsis-Mauer gerade über dem sternförmigen Zentrum von Konstanz. Auch das Kloster Dornach ist energetisch durch eine Ley-Linie mit dem Münster in Basel verbunden. Ausserdem gibt es eine Linie von Zürich nach Konstanz, von Konstanz nach Einsiedeln, von Einsiedeln nach Zürich und so weiter. Damit ist eine grossräumige Vernetzung wichtiger Kraftzentren und heiliger Orte erlebbar. Es zeigt sich auch, dass die Erbauer dieser Kirchen und Klöster noch einen Bezug hatten zu diesen Lebenskräften der Erde, wenn auch im offiziellen Lehrgebäude der Kirchen diese Kräfte ignoriert, ja sogar unterdrückt und verteufelt wurden. Während der Zeit der Inquisition sind viele Menschen verfolgt worden, weil sie in Verdacht standen, mit den Erdkräften, sprich mit dem Teufel, in Kontakt zu stehen. In den Bauhütten und Handwerkerzünften ist dieses geomantische Wissen bis weit in die Neuzeit hinein überliefert und gepflegt worden. In seinem Buch «Geheimnis Venedig» zeigt Marko Pogačnik das subtile Zusammenspiel von Sakralbauten und öffentlichen Bauten mit den geomantischen Strukturen am Beispiel dieser Stadt.

Ein solches vitalenergetisches Zentrum ergibt in meinem Körper eine Resonanz im Solarplexus. Das Organ ist auch vergleichbar mit dem dritten Chakra des Menschen, in seiner Funktion als Verteilzentrum von Energie auch in der Ebene der Energie, nämlich Lebendigkeit, Lebenskraft. Daraus entsteht auch die Bezeichnung Solarplexus für das Landschaftsorgan. Den Strahl kosmischer Energie erlebe ich als örtliches Zentrum dieses Organs. Er liegt auf dem Felsliplateau etwas nördlich der beiden Linden. Zwei der vom Zentrum wegführenden Strahlen sind mit den beiden Treppen betont, die anderen verteilen sich unregelmässig um das Zentrum. Von hier aus strömen die

Kräfte über das Dorf Dornach und seine Hänge. Es entsteht in diesem Netzwerk der Kraftlinien eine Verankerung der Landschaft im Goetheanum-Gelände und ebenso eine Verankerung des Goetheanums in der Landschaft. Damit hat das Goetheanum nicht nur vom Geistigen und Sozialen her eine grosse Impulskraft für Dornach, sondern von den Landschaftsenergien her ist hier ein wichtiges Zentrum gehegt und gepflegt, so dass die Belebung grossräumig und intensiv erfolgen kann.

Wenn ich mich nun achtsam in den Ort des Felslis hineinfühle und versuche, weitere Ebenen in mein Bewusstsein zu nehmen, so entsteht neben der Wahrnehmung des sternförmigen Zentrums auch eine starke Resonanz in meinem Herzchakra. Diese Wahrnehmung war mir zunächst unerklärlich, weil ich diese Kombination noch nie erlebt hatte. Ich liess mich nun vom Ort führen und kam mit meinem Bewusstsein in das Innere dieses Zentrums. Und nun war deutlich zu spüren, dass mit der Gestaltung des Felsli mit den exzentrischen Steinringen diese vitalen Lebenskräfte wie erhöht, potenziert werden. Ich fühlte, dass da ein zusätzlicher «Resonanzraum» entstanden war, im Äusseren getragen von diesen Mäuerchen. Dadurch entstand eine zweite Wirkungsebene, die Lebenskräfte kamen auf die Herzebene, das heisst, eine weitere Energieebene, die des Herzchakras, wurde dazu aktiviert. Dabei erlebte ich keine Schmälerung auf der vitalenergetischen Stufe.

Dieses Kraftorgan für das ganze Dorf Dornach funktioniert weiterhin einwandfrei. Im Hineinfühlen erlebe ich stets, dass diese neue Kraftebene durch diese Ringsegmente, vor allem da, wo sie sich gegen das Goetheanum hin öffnen, in die Landschaft hineingesprüht werden. Es entsteht ein feines Durchwirken des Äthers mit diesen Kräften. Es fühlt sich für mich an wie ein feiner Sternenregen. Diese auf die Herzebene heraufgeholten Kräfte werden jetzt also nicht über die Ley-Linien verteilt, wie die vitalenergetische Kraft. Dazu hat Rudolf Steiner in der Gestaltung noch eine spezielle Führung der Kräfte des Felsli zum Goetheanum hin erreicht, die ich im folgenden Kapitel erklären möchte.

Im Kapitel über Elementarwesen habe ich beschrieben, dass alle Kräfteströme durch Elementarwesen, durch Bewusstsein, geführt werden. Und es hat mich natürlich interessiert, wie diese Ebene von Rudolf Steiner gestaltet wurde. Ich habe nämlich schon erlebt, dass Menschen auf der ätherischen Ebene mit Installationen und Apparaten gewisse Wirkungen erzielen, dass damit aber eine grosse Chaotisierung der Elementarwesen entstehen kann. Ich habe zum Beispiel ein Gerät zur Entstörung von Wasseradern erlebt, das die astrale Ebene, die Welt der Elementarwesen genauso abgeschirmt hat wie die Wasseradern. Sie waren nur noch wie durch einen Nebel hindurch und ganz schwach wahrnehmbar, ihre Wirkung in ihr eigentliches Feld hinein war unterbunden. Es scheint mir wichtig, wenn wir uns als Menschen schöpferisch betätigen, dass wir das aus einem ganzheitlichen Bewusstsein heraus tun können. Wir dürfen in diese subtilen Ebenen hineinwirken, indem wir sie fördern und aktivieren, ja, wie es hier Rudolf Steiner zeigt, sogar auch Neues kreieren. Dabei erlebe ich beim Felsli, wie in einer wunderbaren Weise die geistige Ebene, die Elementarwesenebene und die ätherische Welt harmonisch aufeinander abgestimmt bearbeitet wurden.

11. Über diese Stufen ist der Fokuspunkt der Deva, die das Felsli behütet, zu erreichen.

Auf etwas sehr Berührendes, das ich anfänglich gar nicht wahrgenommen hatte, weil ich so auf die ätherische Ebene konzentriert war, hat mich Marko Pogačnik aufmerksam gemacht, als ich ihm im letzten Dezember die in diesem Buch beschriebenen Plätze gezeigt habe: Auf dem Felsli befindet sich der Fokus einer Deva. Eine ganz «heilige», liebevolle Atmosphäre wird von diesem hohen Luftwesen gehalten. Die Qualität dieses Bewusstseins fühlt sich ähnlich an wie die eines Engels; nämlich als feine, licht- und liebevolle Qualität. Diese Deva erhält das komplexe und von Rudolf Steiner umgestaltete Lebenskräfte-Organ des Felslis in seiner Lebendigkeit aufrecht.

Das Felsli ist daher mindestens auf drei Ebenen ein Kraftplatz: als vitalenergetisches Zentrum auf der Ebene der Lebenskräfte, dazu als Organ der auf die Herzebene potenzierten Kräfte, und zuletzt als Fokus einer Deva. Viele Menschen haben solche Kraftplätze entdeckt. Auch das Felsli wird gern besucht, an denen man sich regenerieren und «Kraft tanken» kann. Ich erlebe den Vorgang an einem solchen Ort allerdings nicht als Aufnahme von Energie, als konsumieren, es sind Erdenergien, die nicht zu meinem eigenen Energiesystem gehören. Durch das Resonanzprinzip werden diese Kräfte aber in mir selber (ich bin ja als Mensch auch Erde) angesprochen, sie werden aktiviert. Es sind aber meine eigenen Lebenskräfte, die mich stärken, der Ort löst nur deren Aktivierung aus. So kann ich an solchen Orten Realitätsebenen erleben, die auch in mir sind. Ich kann neue Dimensionen meines Seins entdecken.

Der Drachenschwanz und die Westallee

Mein erster Besuch des Goetheanums im Jahre 1973 galt einer kleinen Sonntagsveranstaltung für die Bauern aus der Schweiz. Schon damals ist mir aufgefallen, dass der Westeingang, der architektonisch ja eindeutig der Haupteingang ist, immer geschlossen blieb. Der Zugang war damals nur über den Südeingang möglich, der Nordeingang war (und ist es heute noch) ebenfalls immer geschlossen. Bei der grossen landwirtschaftlichen Tagung im Februar 1974 war der Westeingang nun auch geöffnet, und ich wunderte mich über diese Allee. Alle Menschen kamen über die Nordzufahrt oder den Rüttiweg im Süden (meist mit dem Auto) zum Goetheanum und benutzten den Südeingang. Die Allee (wie sie im Volksmund genannt wird, obwohl die grossen Bäume fehlen) vor dem Haupteingang war eigentlich nur von Spaziergängern in den Pausen belebt. Ich fragte mich natürlich, wofür wird eine derartig breite Zugangsstrasse gebaut, wenn sie nicht als Zugang für die Menschen zum Goetheanum dient. Heute ist der Westeingang ständig offen und wird wieder belebt durch Menschen, die dort ein und aus gehen.

Beim Aufstieg über den Philosophenweg Richtung Goetheanum kommen wir am Gartentor zum Haus Duldeck vorbei zu

12. Blick vom Rondell auf den Drachenschwanz und das Felsli.

einer speziellen Pflästerung, die in die Stützmauer hineinführt, welche das Rondell abgrenzt. Dieses Rondell ist der Anfang der Westallee, die zum Haupteingang führt. Die Menschen werden aber nicht in diese Westallee hineingeführt, sie müssen einen «Umweg» machen und können dann von Norden her zum Rondell oder direkt zum Westeingang gelangen. Die Abkürzung über das Areal des Hauses Duldeck war ursprünglich wahrscheinlich nicht öffentlich, weil es ein Privathaus war. Seit kurzem ist dort das Archiv der Rudolf Steiner-Nachlassverwaltung beherbergt.

Auf dem Weg zum Westeingang über den Felsliweg, nach dem Vorbeigehen an der Mauer des Rondells, gelangt man an eine Wegkreuzung. Ein Weg führt zurück zum Rondell, der andere in einem Bogen direkt zum Westeingang. Dort werden die ankommenden Menschen begrüsst von zwei Erdelementarwesen: einer liebenden Alten und einem alten Weisen. Es handelt sich um Erdelementarwesen auf der höchsten Entwicklungsstufe, um ein «weibliches» und ein «männliches». Ich spüre hier, dass diese Wesen wie Wächter für den Zugang in einen neuen Bereich sind und in dieser Funktion an diesem Ort auch bewusst platziert wurden – wahrscheinlich auch von Rudolf Steiner. Solche Wächter- oder Hüterwesen habe ich oft an Orten erlebt, die in alten Zeiten als heilige Orte gepflegt wurden. Sie gestalten die Atmosphäre dieses Ortes entsprechend und stimmen die Menschen darauf ein. Auch das ist ein Hinweis, dass die Menschen sich nach Rudolf Steiners Konzept über diesen Weg und diesen Ort dem Goetheanum nähern sollen.

Warum wird eine Allee zum Haupteingang gebaut, welche nicht als Zugang für die Menschen gedacht ist? Für wen soll denn diese Allee Zugang sein? Diese Frage lebte eigentlich seit meiner ersten Begegnung mit diesen Bauten. Und mit der inzwischen erworbenen Wahrnehmungsfähigkeit für die Kräfte der Erde habe ich jetzt eine Erklärung finden können, mit der diese ganze Architektur Sinn macht.

Die Pflästerung, die zur Stützmauer des Rondells hinführt, hat den Namen Drachenschwanz. Sie schafft aus einem Punkt heraus über eine geschwungene Fläche hinauf in die Umfassungsmauer hinein eine Verbindung zum Rondell und damit der Westallee. Wenn ich mich nun achtsam und eingestimmt auf die feinen Dimensionen auf die Spitze des Drachenschwanzes stelle, kann ich eine gewaltige Kraft spüren, die sich hier manifestiert. Ich spüre bei mir Körperresonanzen im Basischakra und in der Nierengegend ein Aufblähen (wie wenn hier Drachenflügel wachsen wollten). Diese Kraft belebt mich von unten nach oben intensiv, sie geht durch alle Chakren bis ins Herz. Diese Kraft nennen wir in der Geomantie «Drachenkraft» oder «Urkräfte der Erde». Es ist dies eine Lebens- und Liebeskraft, die alles nährt und alles Leben unterstützt. Sie unterscheidet nicht zwischen «Gut» und «Böse», alles zum Leben Gehörige wird gleichermassen genährt und gefördert.

In diesem Sinne steht diese Drachenkraft jenseits unserer menschlichen Moral, und in der Zeit, wo wir diese Moral in der Polarität zwischen Gut und Böse aufgebaut haben und sie zu unserer Bewusstseinsentwicklung gebraucht wurde, sind diese Kräfte bedrohlich gewesen in ihrer Amoralität, sie mussten ins Unbewusste, in die Erdentiefen zurückgedrängt werden. In den meisten bildlichen Darstellungen drückt Georg mit seiner Lanze den Drachen nur nach unten, der Drache bleibt dabei unverletzt. Es ist allso nicht ein Töten, sondern ein Verdrängen dargestellt. Und wie alles Verdrängte, wird dieser Drache mit allen lebensfeindlichen Attributen belegt. Er wird nicht mehr in seinem ursprünglichen und letztlich lebensspendenden Potenzial erlebt, sondern als Bedrohung für unser Bewusstsein (Raub der Königstochter in den Märchen) hat er keine Existenzberechtigung mehr zugesprochen bekommen. Diese Phase der Bewusstseinsentwicklung ist nun abgeschlossen. Die Königstochter ist nicht mehr bedroht. Um den ganzen Menschen entwickeln zu können und die entwicklungsbedingt nötige gewesene Einseitigkeit wieder zu ergänzen, ist es notwendig, diese Kräfte wieder in unser Bewusstsein zu integrieren.

13. Der Drache(nschwanz) und das michaelische Goetheanum.

Beim Aufstieg über den Philosophenweg wird die Sicht auf das Goetheanum nach dem Elementarwesenplatz verdeckt, hier kommt es wieder in mein Blickfeld. An diesem Punkt, auf der Schwanzspitze stehend, erlebe ich so etwas wie den Anblick des Michael (im Goetheanumbau) und den Drachen in seiner quellenden Lebenskraft (mein Standort). Ich fühle mich auf der Ebene des Drachen und spüre über mir diesen Michael. Das Bild ist nun aber nicht so, dass Michael diesen Drachen unterdrückt, im Gegenteil: In dieser Pflästerung des Drachenschwanzes aktiviert Rudolf Steiner diese Kräfte und führt sie an den südlichen und westlichen Teil des Rondells heran. Die Feindschaft zwischen Michael und dem Drachen ist nicht mehr nötig. Am Rande des Rondells gibt es noch einen Punkt, wo Christuskraft im Ätherischen niederströmt und damit die kosmische Liebeskraft mit hineinverwoben wird in die irdische Liebeskraft des Drachen. Das Rondell erlebe ich wie eine Fassung (ähnlich einer Quellfassung) für diese Kräfte. Und damit kommen wir einer Bedeutung dieses Rondells und der Allee näher, die nicht mit ästhetischen oder funktionalen Argumenten allein erklärt werden können: Diese Allee führt dem Goetheanum Kräfte zu, es ist eine geomantische Installation.

Unterhalb der Stützmauer des Rondells, am Felsliweg, stehen zwei Sitzbänke, die eingefasst sind von zwei Eichen, zweistämmig und als Zwillinge, mit je einer Eibe. Solche enge Lebensgemeinschaften wie hier zwischen Eiche und Eibe sind oft Fokuspunkte für Elementarwesen. Auch die Mehrstämmigkeit ist ein Hinweis darauf. Hier habe ich zwei Hüterwesen dieses Platzes des Drachenschwanzes und Rondells gefunden. Es sind Feuerwesen auf ihrer höchsten Entwicklungsstufe. Ich nenne sie Musen. Ihre Aufgabe ist zunächst das Aufrechterhalten des ätherischen Kräftestromes in diesem Bereich. Gleichzeitig sind sie aber auch neben den beiden Sitzbänken in der Lage, dem hier verweilenden Menschen die Atmosphäre des Platzes besser erlebbar zu machen.

Das Rondell ist nicht kreisförmig gebaut, sondern es sind eigentlich zwei ineinander liegende Kreise, deren Mittelpunkt parallel zum Felsliweg verschoben ist. Der Drachenschwanz führt eben an den südlichen Kreis heran, führt die Kräfte in diesen Kreis hinein.

Nun ist natürlich die Neugierde geweckt: Welche Aufgabe hat der nördliche Kreis? Wenn ich mich in dessen Mittelpunkt stelle und versuche wahrzunehmen, was hier kräftemässig erlebbar ist, so spüre ich ein Niederfliessen einer feinen und kraftvollen, hellen Energie. Meine Körperresonanz macht sich als ein Ziehen im Nacken- und Schulterbereich bemerkbar, wie mit vielen feinen Fäden. Es fühlt sich an, als ob sich die Schulterblätter aufblähen würden. Diese Resonanz zeigt mir die Anwesenheit von Engelenergie an. Es ist der Fokuspunkt eines Engels. Wir dürfen uns beim Begriff Engel keine pausbäckigen geflügelten Wesen vorstellen. Aus dem Bereich der Engelwelt, die wir uns vielleicht als allgemeinen Energie-Ozean von Weisheit und Liebe vorstellen können, führt ein Strang in diesen Platz hinein. In der speziellen Aufgabe in dieser Landschft entsteht aus diesem Ganzen der Engelenergie eine Individualisierung, ich kann ein einzelnes Wesen erkennen. Der nördliche Kreis des Rondells hat die Potenz dieser Engelenergie. Es ist der Platz des «Schutzengels» für das Gelände.

Links und rechts der Allee führen Wegsteine zum Goetheanum hin. Auf jeder Seite befinden sich sieben kleinere und zwei grössere Steine. Beim genaueren Hinsehen bemerken wir ihre

14. Vom Rondell strömen die Kräfte dem Eingang des Goetheanums zu.

gebückte, tragende Gebärde, und das ist auch ihre Aufgabe. Sie tragen nämlich die Drachen- und Engel-Kräfte vom Rondell zum Goetheanum hin. Wenn ich die Allee achtsam überquere, so fühle ich auf der nördlichen Wegseite die Engelkräfte, in der Mitte des Weges eine Mischung von Drachen- und Engelkräften und südlich die Drachenkräfte.

Angesichts des Haupteingangs vom Rondell aus gesehen, spüre ich die stark ausgeformte und einladende Eingangspartie erstaunlicherweise im ersten Stock des Gebäudes und nicht im Parterre – beim Ersten Goetheanum noch viel ausgeprägter erlebbar als beim jetzigen. Die geomantischen Installationen sind

15. Auf diesem Bild des Westeinganges des Ersten Goetheanums ist die Betonung des ersten Stockes der Eingangspartie sehr deutliche.

von Rudolf Steiner natürlich auf das Erste Goetheanum abgestimmt. Für die Lebenskräfte, für diese Energien, wie sie aus dem Rondell durch die Allee gegen das Goetheanum geführt werden, muss der erste Stock der Haupteingang sein. Im Entlanggehen des Weges auf das Gebäude zu erlebe ich nach den beiden grösseren Wegsteinen gleichsam ein Ansteigen der Kräfte nach oben. Wenn ich mich im ersten Stock an die Türe stelle, erlebe ich die Kräfte viel stärker als im Parterre. Ich erlebe allerdings auch, dass im Innern des Goetheanums, im ersten Stock nach etwa 8 Metern, diese Kräfte nicht mehr wahrnehmbar sind. Ob es sich um eine Spiegelung der Bewusstseinssituation handelt, welche die ätherische Installation nicht mehr trägt, oder ob der Eisenbeton des Zweiten Goetheanums einen Faradey'schen Käfig bildet, der die Ätherströme abschirmt, oder ob ein noch andersartiger Einfluss die Ursache ist, ist mir nicht klar geworden. Vielleicht ist auch das Zusammenwirken verschiedener Einflüsse dafür verantwortlich.

In diesem Zusammenhang ist erwähnenswert, dass die Lebensformen der Menschen immer auch ihre energetischen Spuren im Ätherfluss der Landschaft hinterlassen. Wir sind Mitschöpfer der Realitäten. Eine Schwächung der Kraft der Erde hat begonnen bei der Ablösung der matrifokalen (dieses Wort benutze ich bewusst) Kulturen durch die patriarchalen Gesellschaftsformen. (Matriarchal bedeutet Herrschaft der Frau, und in diesen Kulturen erlebe ich noch gar keine Macht und Kontrolle, keine Herrschaft.) Hier ist langsam eine Entfremdung des Menschen von diesen mütterlichen Lebenskräften eingetreten. Gerade in den letzten vielleicht 2'000 Jahren haben die Menschen immer mehr den Zugang zu diesen Lebenskräften verloren, und in dieser Ignoranz, manchmal auch in einem bewussten Unterdrücken dieser Kräfte, sind viele Orte mit blockierenden Mustern aus dem menschlichen Leben derart belastet, dass die Kräfte nicht mehr ihr ursprüngliches Kraftpotenzial erreichen. Ich möchte in diesem Zusammenhang nur erwähnen, dass Menschen, die sich mit diesen Erdkräften verbunden hatten, zu gewissen Zeiten als Hexen, die mit dem Teufel zusammenarbeiten, verfolgt und verbrannt wurden. Ich erlebe in der energetischen Situation der Erde im Grunde einen Spiegel der Bewusstseinssituation der Menschen. Das spiegelt sich im Ganzen der Erde, aber vor allem auch an den einzelnen Orten und Landschaften. Die Menschen, die den Ort beleben, prägen ihre Lebensmuster und ihre Bewusstseinsmuster in den Ort ein. Wenn wir in einer neuen Zuwendung zur Wesenheit der Erde ihr Potenzial wieder fördern wollen, können wir nicht nur am Fluss der Lebenskräfte mit einer Aktivierung geomantisch arbeiten, wir müssen als Menschen auch einen Bewusstseinschritt tun und diese Realitätsebenen wieder in unser Bewusstsein integrieren. Damit bekommen wir wieder einen Zugang zu diesen irdischen, mütterlichen Lebensaspekten. Die Einseitigkeit, die wir aufbauen mussten, um unsere Bewusstseinsentwicklung vorantreiben zu können, kann durch die Integration der Geomantie zu einer neuen Ganzheit im Leben führen. Marko Pogačnik sagt immer wieder: Erdheilung ist Menschenheilung.

Die Gestaltungen zwischen Felsli und Goetheanum

Vom Felsli laufen sichtbar drei Mäuerchen aus den Ringbildungen heraus in Richtung des Goetheanum-Eingangs. Zum Teil werden diese Mäuerchen nur unterirdisch verlängert, zwei weitere Strahlen laufen unterirdisch, wie Fundamente. Diese Strahlen machen gegen das Goetheanum hin einen sanften Bogen nach rechts. Diese Bewegung wird übrigens auch durch die vom Felsli wegführende Nussbaumreihe unterstrichen und wirkt gleichsam als Unterstützung der gemauerten Installationen. Das unterste «Fundament» hat am Anfang noch einen intensiven Bogen nach unten (rechts), bevor es sich in die Richtung der anderen Strahlen eingliedert. Auch der südliche, sichtbare Strahl (3) wird unterirdisch bis an den Weg rund ums Goetheanum weitergeführt. Der mittlere, sichtbare Strahl (2) wird unterirdisch noch ein kleines Stück weitergeführt.

Über diese vom Felsli wegführenden Strahlen hört man immer wieder, dass es sich dabei um Hangbefestigungen handle. Diese Interpretation hat mich nie befriedigt, vor allem deshalb nicht, weil diese Mäuerchen hauptsächlich oberhalb und unterhalb der eigentlichen Böschung verlaufen. Aus dem bisher Gesagten ergibt sich natürlich die Möglichkeit, diese Bauten im Zusammenhang mit dem Kraftort des Felsli zu verstehen.

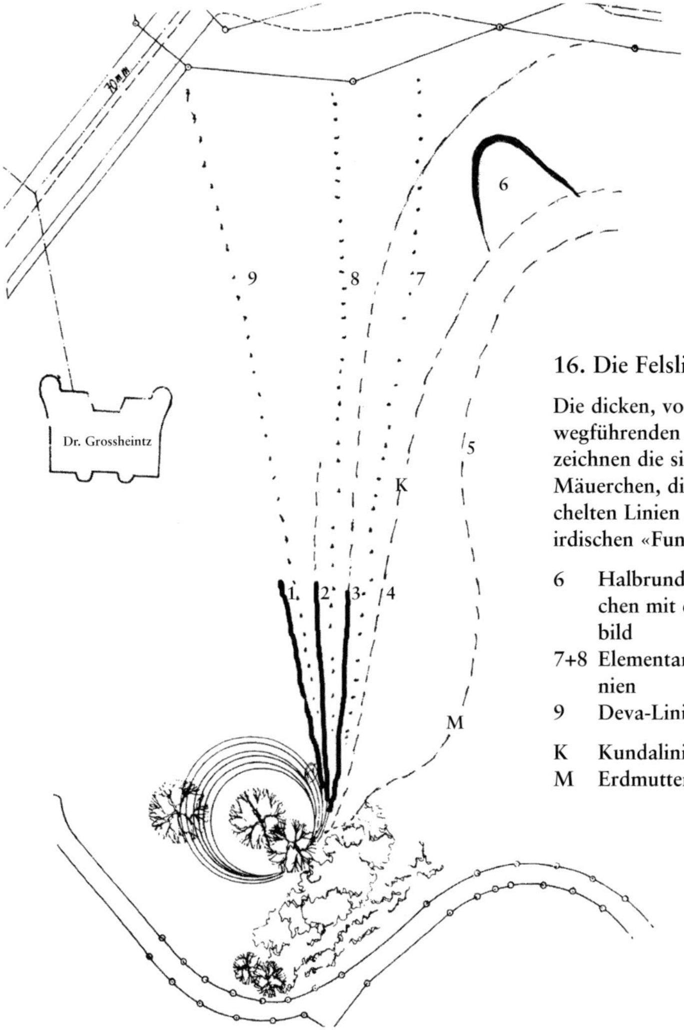

16. Die Felsli-Linien.

Die dicken, vom Felsli wegführenden Linien bezeichnen die sichtbaren Mäuerchen, die gestrichelten Linien die unterirdischen «Fundamente».

6 Halbrund-Mäuerchen mit dem Urbild
7+8 Elementarwesenlinien
9 Deva-Linie

K Kundalini-Quelle
M Erdmutterpunkt

Wenn ich mich auf dem Felsli innerlich mit den Kräften der Herzebene verbinde, so spüre ich, dass sie in diesen Strahlen aus dem Kraftorgan heraus, das hier installiert wurde, in die Landschaft hin zum Goetheanumbau hingeführt werden. Mein Erleben ist ungefähr vergleichbar mit Membranen oder Antennen, welche diese Kraftschwingungen in den Landschaftsraum hinein verteilen. Gerade im Bogen der unterirdischen Linien vor dem Gebäude erlebe ich ein Heraussprühen der Kräfte. Am Anfang der Strahlen wirkt es eher wie ein Strömen. Dabei entstehen vertikale Schwingungsebenen, Membranen, auf der ganzen Länge der Linien, welche diese Schwingungen im Raum ausbreiten. Wenn ich eine solche Wahrnehmung in unserer linearen Sprache auszudrücken versuche, so komme ich immer wieder an Grenzen. Jedes Bild, das ich verwende, trifft das Phänomen nur unvollkommen. Vielleicht entstehen beim Leser in der eigenen Wahrnehmung andere Bilder. Was gemeinsam sein wird, ist ein Erleben dessen, was hinter den Bildern als geistige Realität vorhanden ist: Diese Mäuerchen und Fundamente sind als Ausbreitungsinstrument für die Felslikräfte der Herzebene zu verstehen.

Im Hineinspüren und Verstehen dieses Ausbreitungsorgans hat mir ein Elementarwesen geholfen. Dort, wo sich der erste Strahl von den Steinkreisen löst, auf den unteren zwei Stufen, erlebe ich seinen Fokus. Dieses Wesen hat Eigenschaften, die es als zur Familie der Feuerwesen gehörig erkennbar machen, so spüre ich deutlich meine Resonanzpunkte für das Element Feuer an meinen Ohrläppchen. Ich habe diese Resonanzpunkte im Kapitel über den Elementarwesenplatz erwähnt. Dieses Wesen nun hat nach meiner Empfindung stärkere Konturen, es ist stärker in seine Aufgabe eingegrenzt als ich es sonst bei Landschaftselementarwesen erlebe. Ich spüre, dass dieses Wesen von Rudolf Steiner speziell für die Aufgabe, die Herzenskräfte aus diesem Organ strömen und sich in die Landschaft verbreiten zu lassen, herangebildet und in seine Aufgabe eingesetzt wurde. Um nun in eine Kommunikation mit diesem Wesen zu kommen, in der ich z.B. Informationen über seine Aufgabe bekomme, kann ich folgende Übung machen: Ich öffne am Platz des Fokus' mein Herz und versuche ganz eins zu werden mit diesem Wesen. Ich fühle mich in dieses Wesen hinein, bis ich mit meinem Bewusstsein ganz in diesem Wesen drin bin, ich fühle mich als dieses Wesen. Nun versuche ich, mir eine Frage in Form eines Gefühls, eines Bildes vorzustellen und dem Wesen zu übergeben. Nun führt mich das Wesen in seine Aufgabe hinein. Was ich im obigen Abschnitt geschildert habe über die Ausbreitung der Kräfte, das ist eine derartige Antwort dieses Elementarwesens gewesen.

Die Tatsache, dass die unterste Linie (5), die als Fundament unsichtbar geführt ist, einen Bogen nach Süden macht, bevor sie sich in den Schwung der anderen einfügt, hat in mir die Frage nach dem Warum geweckt. Dabei bin ich beinahe am tiefsten Punkt der Linienführung auf einen speziellen Kraftort gestossen, ich nenne ihn Erdmutterpunkt. Er liegt gerade unterhalb eines kleinen Doppelkirschbaumes (zwei Stämmchen ca. 20 cm voneinander entfernt). Es ist ein Ort mit einem energetischen Kanal in die Erdentiefe. Hier kann man mit dem Bewusstsein leicht mit den Erdentiefen, auch mit dem Wesen der Erde, in Kontakt kommen. Mit anderen Worten: Es lässt sich hier gut spüren, «wie sich die Erde anfühlt». An einem solchen Erdmutterpunkt (es gibt sie überall in den Landschaften) kann man auch gut die Veränderungen der Erde spüren, wie sie sich im Zusammenhang mit den Wandlungsprozessen zeigen, die seit Herbst 1997 ablaufen. Näheres darüber kann in den Büchern «Erdsysteme und Christuskraft» sowie «Die Erde wandelt sich» von Marko Pogačnik erfahren werden. Hat nun Rudolf Steiner diesen Ort bewusst erlebt und das Kräfteumfeld des Goetheanums auch mit dieser Ebene verbinden wollen? Es gibt ja so viele verschiedenste Kraftpunkte. Hat

17. Der Kräftestrom wird vom Felsli gegen das Goetheanum geführt.

er all diese wahrgenommen? Diese Frage ist natürlich nicht eindeutig zu beantworten. Durch den Kontakt mit dieser Linie mit dem Ort jedenfalls findet energetisch eine Verbindung mit den Kräften des Erdmutterpunktes statt und das scheint mir nicht zufällig zu sein.

Auf dem zweituntersten Fundament (4) ist auch ein spezieller Kraftort zu bemerken. Etwa auf halbem Weg zwischen Felsli und dem Halbrund-Mäuerchen (siehe nächstes Kapitel) ist ein Heraufströmen einer belebenden Kraft zu bemerken. Ich spüre sie belebend von unten her in meinen Körper hochsteigen und sich in der Stirnregion weit ausdehnen in den Raum. Es ist die Kundalini-Kraft, sie kann auch mit dem Wort Urweisheitskräfte der Erde umschrieben werden.

Damit wird ersichtlich, dass sich eine grosse Vielfalt von Kräften hier manifestieren und von Rudolf Steiner unterstützend in das Kräfteumfeld des Goetheanums einbezogen wurden: im Drachenschwanz die Urkräfte der Erde, bei den Fundamentlinien die Erdmutter und die Kundalinikraft, im Felsli vitalenergetisches Zentrum und Herzkraft, im Rondell die Engelkraft. Und so werden wir sehen, dass wir im Gang rund ums Goetheanum einen grossen Lehrgang in Geomantie erleben können.

Bei meinem ersten Kontakt mit dem Felsli (siehe Kapitel «Wie es zu diesem Buch kam») hatte ich das Bild bekommen, dass vom Felsli zwei Elementarwesen-Linien zum Goetheanum laufen. Das Felsli ist ja am Rande des Elementarwesenplatzes und mit ihm verbunden. Mit solchen Linien habe ich noch wenig Erfahrungen. Hier erscheinen sie wie eine Strasse, auf der Elementarwesen zirkulieren. Es handelt sich aber nicht um Landschaftselementarwesen, die einen festen Fokus haben und die ich gut kenne. Wahrscheinlich sind es Wesen, die sich mit der Arbeit der Menschen verbinden (möchten), sie wollen ihm Intuitionen geben, wie er Dinge in der Materie verwirklichen kann. Bei meinem momentanen Erfahrungsstand kann ich noch nicht viel sagen über diese Wesen. Zu erleben ist jedenfalls eine solche Linie zwischen dem zweiten und dritten Felslistrahl und eine zwischen dem dritten und dem (unsichtbaren) vierten Strahl. Die Wesenheiten auf den beiden Linien haben unterschiedliche Qualitäten. Im Weiteren ist noch eine Linie zwischen dem ersten und zweiten Strahl zu entdecken. Die Körperreaktion zeigt Deva-Resonanz. Diese Linie führt Deva-Kräfte, die auf dem Felsli fokussiert sind, in die Umfassungsmäuerchen der Weganlagen um das Goetheanum. So wird das Gebäude umgeben von diesen Raumesqualitäten der Liebe.

Fassung des Urbildes des Ersten Goetheanums

Wenn ich dem 4. Strahl, der vom Felsli wegführt, er ist unsichtbar unterirdisch als Fundament geführt, verfolge, stosse ich an der Stelle, wo er in einen Bogen übergeht auf die beiden Schenkel eines anderen Mäuerchens, das aus einem nicht vollständigen Halbkreis in zwei Schenkel (Tangenten) ausläuft. In der Mitte hat das Mäuerchen eine Höhe von vielleicht 70 cm, die Schenkel laufen aus. Auch hier habe ich versucht, den Ort

18. Dieses Mäuerchen hält nicht den Hang, sondern ist das Urbild des Goetheanums.

zu verstehen, indem ich mich hineingestellt habe und achtsam auf meine Reaktion gelauscht habe. Eine grosse Öffnung zum Kosmos hin, eine helle Weite ist dort zunächst spürbar. Dieser Ort wirkt wie eine «Satellitenschüssel», wie ein Empfangsorgan für kosmische Kräfte.

Die Konstruktion besteht, ähnlich wie beim Rondell, aus zwei ineinandergeschobenen Kreisen. Sie sind allerdings nicht gleich gross. Der obere, kleinere Kreis hat einen Radius von 4 m und auf dessen Kreislinie befindet sich der Mittelpunkt eines grösseren Kreises mit einem Radius von 5.5 m. Die Mäuerchen bilden die gemeinsamen Tangenten an beide Kreise. Wenn ich die Tangenten gegen das Goetheanum hin verlängere, bis sie die Dreiecksspitze bilden, entsteht eine Dreieckshöhe von 21 m. Das Verhältnis der beiden Kreise entspricht dem Verhältnis der beiden Kuppeln des ersten Goetheanums. Im oberen Kreis stehend umhüllt den Beobachter eine silberne Atmosphäre, der Rücken (unbewusste Seite) wird stark ins Bewusstsein geschoben. Es ist eine nährende, eher wenig differenzierte Kraft, die aber ganzheitlich ein Gefühl des Erfülltseins vermittelt. Die Grenze zu den Schatten, zu den Verstorbenen ist sehr dünn. Aus all diesen Erlebnissen kann die Kraft im oberen Kreis als Mondenkraft identifiziert werden. Das Kraftfeld des unteren Kreises vermittelt ein anderes Erlebnis, eine goldene, helle, warme Atmosphäre umhüllt den Beobachter. Meine Vorderseite, Herz und Stirn rücken ins Bewusstseinszentrum. Die Kraft hat etwas licht-belebendes, sie wirkt eher differenziert und von aussen auf mich. Diese Kraft kann ich mit Sonnenkraft bezeichnen. Es sind in diesem Mäuerchen also Monden- und Sonnenkräfte konzentriert im Verhältnis der beiden Kuppeln des Ersten Goetheanum, die ja als Sonnen- und Mondenkuppeln bekannt sind. In dieser Installation ist die Gliederung des Goetheanum in eine Sonnen- und eine Mondenkuppel, die Doppelkuppelkonstruktion, mit den ihnen zugrunde liegenden geistigen Kräften verankert, es ist das eigentliche «Urbild» des (Ersten) Goetheanums. Rudolf Steiner weist im Vortrag vom 4.1.1915 darauf hin, dass der Grundgedanke der Doppelkuppel bei allem, was mit dem Bau im Zusammenhang steht, festgehalten werden muss. Gehütet wird dieses Urbild von einem hohen Engelwesen, das sich über dem Platz fokussiert hat. Wie sich Engelwesen für mich körperlich anfühlen, habe ich bereits geschildert. Ein Gefühl von Erhabenheit kann sich hier einstellen, aber auch eine Nähe zum Menschen ist spürbar. Dieser Engel möchte gerne mit Menschen kommunizieren und ihnen eine Brücke bieten in diejenigen Regionen, aus denen solche Urbilder geschöpft werden können.

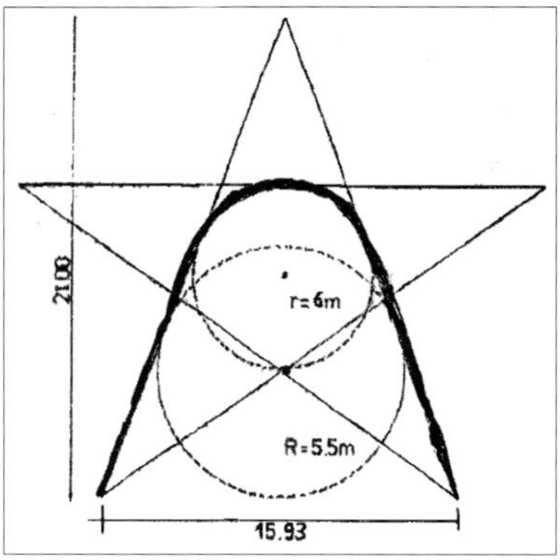

19. Konstruktive Skizze des Mäuerchens für das Urbild.

Aber auch ein Elementarwesen hütet die Manifestation dieses Urbildes in der Raum-Zeit-Dimension: Beim Apfelbaum, in der Nähe des einen Mauerschenkels, ist ein Elementarwesen fokussiert, von dem ich auch erlebe, dass es im Zusammenwirken von Rudolf Steiner mit der Elementarwesenwelt aufgebaut und eingesetzt wurde. Dieses Urbild, das ins Ätherische und ins Materielle hinein verankert wurde, kann nur leben, wenn es getragen wird von diesem Wesen. Dieses Wesen schafft die Verbindung des Urbildes in die gewordene Welt hinein, sonst könnte das Urbild nicht wirken.

Auch hier können wir erleben, wie Rudolf Steiner aus einer ganzheitlichen Sicht alle Ebenen der Realität verbunden und harmonisch aus dem Geist in die Materie hinein eine Kräftewirksamkeit aufgebaut hat. In diesem Zusammenhang ist erwähnenswert, dass viele Hilfsmittel auf dem Markt sind, die den Energiefluss zu verbessern versprechen: von Pyramiden über informierten Quarzsand bis zu Energieplatten. Ich habe ein paar solcher Hilfsmittel untersucht und festgestellt, dass hier oft allein auf der strukturgebenden Dimension (Gitternetze, Wasseradern) und auf der ätherischen Ebene etwas verändert wird. Es sind Manipulationen auf diesen beiden Ebenen, ohne dass die Elementarwesenwelt und die Engelwelt die Verbindung zur Ganzheit herstellen. Solche Geräte können sehr chaotisierend auf die Bewusstseinsebene der Erde, also auf die Elementarwesen, wirken. Die ursprünglichen Erdkräfte werden von den Geräte-Energien überlagert und der Mensch kann in einer solchen Atmosphäre nur noch schwer seine energetische Verbindung zur Erde aufrechterhalten. Die natürliche Grundschwingung des Ortes ist unterdrückt. Auf dem Goetheanum-Gelände können wir erleben, dass ein kreativer Umgang mit den Lebenskräften ganzheitlich umgesetzt werden kann, indem alle Realitätsebenen miteinander verwoben werden.

Warum hat Rudolf Steiner nichts über Geomantie gesagt?

Über die verschiedensten Lebensbereiche hat Rudolf Steiner seine Erkenntnisse den Menschen als Anregungen zur Umsetzung in die Wirklichkeit des Alltages zur Verfügung gestellt. Und gerade auf diesem Gebiet der Lebenskräfte und der Elementarwesen eines Landschaftsraumes, mit dem wir eigentlich eine existenzielle Verbindung haben, finden sich keine Aussagen. Um das zu verstehen, möchte ich in aller Kürze ein Bisschen aus der Geschichte der Geomantie erzählen.

Die alten, matrifokalen (= mutterzentriert, nicht Matriarchat = Mutterherrschaft, es gab damals keine Macht und Herrschaft) Kulturen hatten ihr geistiges und physisches Leben noch ganz mit der Geistigkeit der Erde verbunden, und ihre Inspirationen für das physische Leben bekamen sie an heiligen Plätzen, wo sie mit dieser Geistigkeit in Kontakt kommen konnten. In diesen Kulturen gab es kaum eine Individualisierung. Der Mensch lebte im Einklang mit der Natur und der Mitwelt, auch im Sozialen herrschte Verbundenheit. Entsprechend traumhaft, dumpf war auch sein Bewusstsein. In der Weiterentwicklung in ein selbständiges, individualisiertes Bewusstsein, in die Freiheit hinein, war die «Abnabelung» von der Mutter Erde, von dieser fast instinktiven Verbundenheit, die

Voraussetzung. Es kamen neue, eher männliche Kräfte in die Entwicklung hinein. Der Mensch erlebte sich immer weniger in der Einheit und Verbundenheit, sondern im Gegenüber, in der Andersartigkeit. Er erlebte die Welt und den anderen Menschen als fremd, nicht zu sich selber gehörig. Das widersprach diametral dem Gefühl des Eingebundenseins, der Einheit, das er gewohnt war. Und da entstand Angst und damit das Bedürfnis, das Andere zu kontrollieren. Das ausser mir Stehende wurde zur Bedrohung meiner isolierten und als klein erlebten Persönlichkeit. Und ein Macht- und Kontrollstreben bekam immer mehr Raum. Das Fremde sollte sich der eigenen Persönlichkeit (Ego) unterordnen, um diese zu stärken. So ist letztlich der Egoismus, den wir überall als dominierenden Antrieb unserer Gesellschaft erleben, zu erklären. In diesem Zusammenhang sind auch die vielen kriegerischen Ereignisse zu sehen, die bis in die heutige Zeit die menschliche Entwicklung begleiten. Das Leben wurde immer mehr als feindlich, als kämpferische Auseinandersetzung mit dem fremden Gegenüber erlebt. Bis in den Darwinismus hinein, wo die Evolution als Selektion des Tüchtigsten, Stärksten dargestellt wird; wo der Lebenssinn letztlich ein möglichst grosses (egoistisches) Durchsetzungsvermögen zu sein scheint.

In diesem Aufbau dieser patriarchalen Strukturen haben die Menschen auch Techniken entwickelt, die Lebenskräfte der Erde, ja zuweilen sogar Elementarwesenheiten für solche Kontroll- und Machtzwecke einzusetzen. In der Ablösung der alten

Kulturen durch das Patriarchat hat man den Menschen oft ihre Wurzeln genommen, indem ihre Kultplätze zerstört wurden. In den römischen Feldherrenschulen wurde noch das Wissen vermittelt, mit dem Kraftplätze energetisch vollkommen versiegelt werden konnten. Ich habe oben auch geschildert, dass Kirchenstandorte oft Ley-Linien als Kraft- und Verbindungsorgan benutzen. Hier findet eher eine Förderung, nicht eine Hemmung der Lebenskräfte statt durch das sakrale Pflegen der Orte. Allerdings ist hier eine gewollte Wirkung ebenfalls eine Stärkung der kirchlichen Strukturen. Und auch die politisch führenden Kräfte unserer Gesellschaften haben solche Unterstützung gesucht durch die Kräfte der Erde. Städte und Schlösser wurden an ausgewählte Orte gebaut, jetzt aber nicht mehr, um in Harmonie mit diesen Kräften zu leben, sondern um im Machtstreben unterstützt zu werden von den Lebenskräften. Hier aber findet ein Missbrauch statt. Es wird versucht, diese Kräfte dem Menschen dienstbar für seine eigenen, egoistischen Zwecke zu machen. Damit er seine lebensfeindlichen Muster besser leben kann, missbraucht er die Lebenskräfte der Erde. Gerade die Nationalsozialisten haben alles ihnen bekannte geomantische Wissen gezielt zur Unterstützung ihrer Bestrebungen hemmungslos eingesetzt. Als kleines Beispiel sei ein Erlebnis von Marko Pogačnik erwähnt, das er in seinem Buch «Wege der Erdheilung» beschreibt.

In Graz entdeckte er, dass die Nazis eine Ley-Linie in eine Fabrikhalle umgeleitet hatten, in der Hitler seine Reden gehalten hatte. Sie nahmen eine gravierende Schwächung eines grossräumigen Lebenskraftorganes in Kauf, um mit diesen Kräften die demagogische Wirkung der Reden Hitlers massiv zu unterstützen.

Aus diesen Hinweisen ergibt sich für mich auch ein Grund, warum Rudolf Steiner über sein geomantisches Wissen geschwiegen hat. Er spürte, dass die Menschen in ihrer Entwicklung noch nicht reif genug waren, mit diesen Kräften umzugehen, dass ein massiver Missbrauch zu befürchten war. Vielleicht hat er auch die konkrete Situation des Umgangs der Nationalsozialisten mit der Geomantie vorausgesehen. Diesem Missbrauch der Lebenskräfte durfte er nicht Vorschub leisten durch die Preisgabe seines Wissens, weil dadurch gerade diejenigen Kräfte geschwächt würden, die in der zukünftigen Entwicklung der Erde eine grosse Bedeutung haben. Marko Pogačnik beschreibt ja, wie in den Erdwandlungs-

20. Die feurige Silhouette des Kamins des Heizhauses. Hier ist eine grosse Feuerwesenpräsenz spürbar.

prozessen eine neue Lebendigkeit der Erde in den Vordergrund tritt, die physische Ebene verliert an Bedeutung, die ätherische und die astrale Ebene werden immer mehr die Erscheinung der Erde ausdrücken.

Ich bin durch Raffael Kleinmann auf eine Quelle hingewiesen worden, wo Rudolf Steiner zur Geomantie Stellung bezieht. Es ist im privaten Rahmen mit Johanna von Keyserlingk gesagt worden, und sie hat es in ihrem Buch «Bewegte Elemente» festgehalten. Darin schildert sie Rudolf Steiner ihre geomantischen Wahrnehmungen auf der Astralebene, ihre Erlebnisse mit Elementarwesen und mit Seelen von Verstorbenen. Am Ort ihrer Kindheit, in einer noch sehr naturnahen Landschaft, kommt sie mit der Elementarwesenwelt in Kontakt. Sie wird eines Tages von Elementarwesen und von einer Seele aufgefordert, gewisse Elementarwesen, die von dieser Seele in alten Zeiten einmal gebannt wurden, wieder zu erlösen. Sie schildert ihre Wahrnehmungen auf dem «stillen Weg», wo diese Wesen ihren Fokus hatten. Und Rudolf Steiner bestätigt ihr, dass diese Wahrnehmungsweise nichts mit atavistischem Hellsehen zu tun hat, sondern eigentlich das neue Bewusstsein des kommenden Jahrtausends repräsentiere. Dabei schildert Johanna von Keyserlingk ihre Erlebnisse, vergleichbar mit den Erfahrungen der modernen Geomantie. Auch die «Erlösung» der Elementarwesen, die von ihr durchgeführt und geschildert wird, entspricht ungefähr den Ritualen, die Marko Pogačnik entwickelt hat, um die Kräfte der Erde zu harmonisieren und Blockaden zu lösen.

Ich denke, wir sind nun am Anfang der Zeit, wo die Menschen aus ihrer Bewusstseinsentwicklung heraus fähig werden, den Kontakt zu den feinen Realitätsebenen zu entwickeln, ohne sich dabei atavistischer Fähigkeiten bedienen zu müssen, ohne dabei das wache Tagesbewusstsein abdämpfen zu müssen.

Der besondere Kraftplatz unter dem Goetheanum

Im Dezember 2002, als ich mit Marko Pogačnik in Dornach war, erzählte er mir von seiner ersten Begegnung mit dem Goetheanum vor über 30 Jahren. Er hat damals vernommen, dass sich unter dem Gebäude des Goetheanums 64 Wasseradern kreuzen würden, es sei die gleiche Situation, wie sie von Chartres bekannt sei. Und er habe jetzt einen wunderbaren, lichtvollen Kraftort unter dem Goetheanum wahrgenommen.

Um diesen Ort wahrzunehmen, stellte ich mich zunächst vor den Eingang des Grundsteinsaales und tauchte mit meinem Bewusstsein in die Erdentiefen hinein. Da wurde ich von einer intensiven Kraft umgeben. Ich fühlte ein weiches Berührtsein über den ganzen Körper, vorne und hinten, wie in einem Sternenregen stehend. Ich fühlte mich geborgen, umhüllt und in meinem Herzen im innersten Kern lichtvoll berührt. Dabei hatte ich das Gefühl, dass ich in dem Hinuntergleiten in die Erdentiefe viele dicke, schwarze Schichten durchdringen musste, bevor ich in diesen Kontakt kam. Mein Freund Helmut, der mich begleitete, sah eine liegende, lichtvolle Frauengestalt, in sich zusammengesunken. Und in dem Moment, wo unser Bewusstsein sie erreichte, richtete sie sich (erwachend, sehnsuchtsvoll) auf und wandte sich hilfe-

21. Blick von Süden. Unter dem Gebäude ist dieser Sophia-Ort.

suchend zu uns. Es war uns beiden klar, dass es sich um Sophia handelt.

Dazu muss ich vielleicht erklären, wie ich den Begriff Sophia verstehe. So wie Christus der Sohn des Vatergottes ist, verstehe ich die Sophia als Tochter der Muttergöttin (Gaia). Es ist eine weibliche Christuskraft, oder mit anderen Worten, der weibliche Aspekt eines Ganzen, in dem die Christuskraft den anderen Pol bildet. Es ist eine Kraft, die ich als Lichtkern in meinem innersten Herzensraum erlebe, die mich ganz durchdringen kann.

Ich habe inzwischen am Ende des Rüttiweges einen Akkupunkturpunkt gefunden, von dem aus ich auch ausserhalb des Gebäudes mit dieser Kraft in Kontakt kommen kann. Dabei habe ich das Gefühl, dass diese wunderbare Kraft überhaupt keinen Weg findet, sich zu manifestieren. Sie ist wie gefangen und zugedeckt. Was ich als Hindernis wahrnehme – ich habe es vorher als schwarze Schichten geschildert –, kann ich als Astralmüll bezeichnen. Aus dem menschlichen Leben ausgesonderte, unverdaute, ungelebte, unerlöste Aspekte des Lebens. In diesem oben erwähnten Buch von Johanna von Keyserlingk fragt sie Rudolf Steiner nach der «Ursonne» in den Erdentiefen. Und Rudolf Steiner bestätigt ihr, dass diese Ursonne, wie sie auch Hölderlin gesucht hat, durch viele Schichten aus Astralmüll der menschlichen Entwicklung zugedeckt sei, dass der Zugang sehr schwierig sei. Ich habe nun das Gefühl, dass das, was ich hier als Sophia-Kraft bezeichnet habe, auch etwas mit dieser Ursonne zu tun hat. Damit wird die gleiche Geistrealität bezeichnet. Wir bekommen in der jetzigen Zeit viel Hilfe aus der geistigen Welt, wenn wir uns an das Auflösen dieses Astralmülles machen, so dass der Zugang zu dieser Ursonnenkraft oder Sophienkraft heutzutage möglich wird. Die Erde hat für diesen Heilungsprozess, für dieses Auflösen von Altem und Blockierendem, spezielle neue Elementarwesen entwickelt. Seit einigen Jahren gibt es Fokuspunkte dieser neuen Elementarwesen, welche die Reinigung und Selbstheilung der Erde unterstützen. Sie warten allerdings oft auf den Kontakt mit den Menschen, damit sich wirksam werden können. Ich erlebe sie oft wie schlafend, noch nicht mit ihrer Aufgabe verbunden, und wenn wir sie ansprechen, zum Beispiel durch ein freies, harmonisches Singen an ihrem Fokuspunkt, so entfalten sie sich und können jetzt ihre Aufgabe erfüllen. Diese Wesen sind nicht mehr auf ein Element fixiert. Sie haben oft zwei, drei oder gar alle vier Elemente in sich. Es sind auch keine reinen Erdenwesen mehr. Sie haben einen starken Bezug zum Kosmos und zur Christuskraft.

Und so kann ich mir vorstellen, dass diese wunderbare Kraft, die unter dem Goetheanum versteckt als Potenzial vorhanden ist, sich mit der Zeit immer mehr manifestieren kann. Es ist für mich ein Zukunftsaspekt des Goetheanums.

Der Südeingang

Der Weg zum Südeingang führt zwischen zwei grossen Birken hindurch, wenn ich zu Fuss den Rüttiweg hochkomme. Sie stehen weit auseinander und bilden doch ein Paar. Sie hüten einen Platz, einen speziellen Raum, der wie ein Tor wirkt. Um zu verstehen, warum die Birken gerade hier gepflanzt wurden (Rudolf Steiner hat ja präzise angegeben, welche Bäume wo gepflanzt werden sollen), kann ich versuchen, die Qualitäten einer Birke ins Bewusstsein zu nehmen. Wie fühlt sich eine Birke an?

Jeder Baum hat neben seinem physischen Körper auch einen Ätherleib, der ähnlich wie beim Menschen über die Physis hinausragt. Mit einer kleinen Übung kann ich versuchen, die Birke in ihrer Energie zu spüren, kann mich in diesen Ätherleib hineinfühlen. Ich taste mich mit den empfindsamen Händen langsam gegen den Ätherleib des Baumes (er beginnt zwischen 20 und 100 cm vom Stamm entfernt), und wenn ich mit den Händen in diesem Ätherfeld bin, «taste» ich die Ätherstruktur ab. Ein prickelndes Gefühl wie von feinen Perlen und aufsteigenden Luftblasen, die meine Hände berühren, ist möglicherweise spürbar. Vielleicht spüre ich auch eine sanfte Wärme, ein angenehm erfrischendes Berührtsein.

Eine andere Übung besteht darin, dass ich mich physisch

22. Die beiden Birken vor dem Südeingang als Hüter der Einatmung, im Hintergrund die Blutbuche, wo das Hüterwesen der Spiegelung seinen Fokuspunkt hat.

ganz in das Energiefeld des Baumes hinein stelle und mit dem ganzen Körper wahrnehme, in mich hineinlausche, mit geschlossenen Augen sehe, wie sich das anfühlt. Dabei habe ich bei der Birke vielleicht die Empfindung von viel hellem, fast glasklaren Licht, und ich spüre eine Leichtigkeit und eine lebendige Bewegung, ein Strömen und Pulsieren der Lebenskräfte. Es ist eine kosmische lebendige Kraft spürbar, eine Verbindung in die Weite des Kosmos hinein.

In einem grossen Raum zwischen diesen Birken ist nun ebenfalls eine sehr helle, kosmische Kraft spürbar, vergleichbar mit der Energie einer Birke. Ich empfinde hier ein Herabströmen von feinen, hellen Schnüren, in denen Sternenpunkte leuchten. Das Erlebnis ist auch vergleichbar mit einem feinen, warmen Sommerregen. Hier ist der Ort, wo kosmische Lebenskräfte in die Erde hineinströmen. Wir nennen diesen Ort «Einatmungspunkt». Diese Lebenskraft strömt nun durch die Erde hindurch zum Ausatmungspunkt hin und wird dabei in ihrer ätherischen Qualität den Erdenverhältnissen angepasst. Am Ausatmungspunkt wird diese Kraft in die Landschaft belebend verteilt. Ein kleiner Teil fliesst zum Einatmungspunkt zurück und schliesst somit einen kleinen Kreislauf. Dieses Atmungssystem ist ein Grundorgan jedes Ortes, bis in jedes einzelne Zimmer hinein als kleinstes Holon. Was ist nun ein Holon? Es ist eine Lebenseinheit, eine Landschaftseinheit. Jeder Garten, jede Wohnung bildet ein Holon, eine Lebenseinheit, und hat seine eigenen, selbständigen Energiesysteme. Diese kleinsten Holons bilden einen Teil eines grösseren Holons, z.B. Quartier oder Talseite, was wieder Teil einer Stadt oder Flusslandschaft ist. Das grösste Holon ist die Erde als Ganzes. Ich kann mir die russischen Babuschkas, diese Holzpuppen vorstellen, wo das kleinere im grösseren eingehüllt ist. In meinem Garten als Holon habe ich vielleicht den Engelfokus des ganzen Dorfes, und so findet dann eine lebendige Durchmischung der verschiedenen Ebenen statt.

Im Gelände des Goetheanums fliesst nun dieser Atmungsstrom unter dem Südeingang des Gebäudes hindurch zum Ausatmungspunkt. Dieser liegt auf der Nordseite des Goetheanums im Hang in den hohen Tannen, an der Stelle, wo sich eine Ulme dazugesellt, links des Weges, welcher von der Nordostecke des Goetheanums zum Glashaus führt. Wenn ich mich in diesen Kraftstrom stelle, so erlebe ich ein Aufsteigen einer feinen, angenehmen Kraft. Es fühlt sich an, wie wenn feine Wolken entstehen und sich ausbreiten. Die Kraft hat sich, verglichen mit dem Einatmungspunkt, verändert. Ich kann diese Anpassung an die Erdenverhältnisse so erleben, dass die Energie weicher, weniger streng, geworden ist. Diese Lebenskraft wird hier in die Landschaft verströmt.

Unter dem Goetheanum durchfliessend, bildet dese Atmung eine Art energetisches Fundament, auf dem das Goetheanum steht. Dabei wird die Kraft wie heraufgespiegelt in den Bau hinein. Diese Spiegelung wird aufrechterhalten durch ein Elementarwesen, das bei der grossen Blutbuche etwa 30 m südlich der Birken seinen Fokus hat. Es ist ein Luftelementarwesen und wirbelt diese kosmischen Lebensenergien ins Goetheanum hinein. Ob im Untergrund gewisse bauliche Massnahmen diesen Effekt auf der physischen Ebene unterstützen, kann ich nicht sagen.

Zwischen der Blutbuche und den Birken steht noch ein grosser Kastanienbaum, der seine Äste stark nach Westen hin ausstreckt, wie wenn er eine gewisse Kraft berühren möchte. Und unter diesen ausladenden Ästen läuft eine Ley-Linie ebenfalls auf den Südeingang zu. Ich habe im Zusammenhang mit dem Felsli als vitalenergetischem Zentrum die Ley-Linien schon vorgestellt. Sie erneuern die Lebenskräfte einer Landschaft, es sind Energiemeridiane. Eine solche Ley-Linie fliesst nun durch das Goetheanum vom westlichen Teil des Südeinganges über den Grundstein, er verlässt das Gebäude ein Stück westlich des Nordeinganges. Eine weitere Ley-Linie fliesst vom Felsli als vitalenergetischem Zentrum ebenfalls über den Grundstein. Und beim Tierlibaum (Cornellkirsche) neben der Blutbuche hat ein Elementarwesen seinen Verankerungspunkt, dessen Aufgabe es ist, diese Lebenskräfte der Ley-Linie über den Grundstein auch ins Goetheanum hineinfliessen zu lassen.

Aus dem oben Beschriebenen geht hervor, dass der Südeingang nicht nur von den Menschen stark frequentiert wird, sondern auch verbunden ist mit einem ganz elementaren Lebenskraft-System, das eine energetische Grundlage eines jeden Holons bildet, sowie einer Ley-Linie Eingang bietet.

Der Nordeingang

Wenn ich auf dem Rundgang um das Goetheanum bei der Nordseite ankomme, so beschleicht mich ein Gefühl von Hinterhof, ein Gefühl von vernachlässigter Rückseite. Die Atmosphäre ist eher kühl und wenig belebt. Der Eingang, der sich auf dieser Seite befindet, ist fast immer geschlossen, es ist kein öffentlicher Eingang. Nur im Hintergrund wirkende Menschen (Putzequipe, Handwerker etc.) mit einem Schlüssel benutzen ihn. Drei der Türen führen in die «Unterwelt» des Goetheanums (Keller, techn. Räume etc.), die vierte Türe würde zur Nordtreppe zum grossen Saal führen, wenn sie offen wäre. Und wenn ich vom belebten Südeingang als der Bewusstseinsseite, der Sonnenseite sprechen will, so kann ich hier von der unbewussten Seite, von der Mondenseite sprechen. Dieser Eingang ist grosszügig konzipiert, hat als Fortsetzung der Eingangsfunktion auf der äusseren Seite des Rundweges um das Goetheanum sogar eine breite Freitreppe, die über drei, vier Stufen nur zu zwei Sitzbänken und in den unwegsamen Nordhang hineinführt. Auch hier stelle ich mir die Frage, warum diese Freitreppe, dieser im ersten Stock ebenfalls architektonisch betonte Eingang?

Wenn ich mich nun vor diesen Eingang stelle, so spüre ich eine Verbindung in die Weite, die über den visuellen Blick auf

23. Blick vom Nordeingang in die Weite über das Glashaus, das im Stile des Ersten Goetheanums erhalten geblieben ist.

die Agglomeration Basel hinausgeht. Konzentriere ich mich nun achtsam auf meine eigene Mondenseite – die Vorderseite, der Bauch ist die Sonnenseite, die bewusste Seite, der Rücken ist die unbewusste Seite, die Mondenseite –, so spüre ich einen Strom, der auf das Goetheanum zustrebt. Diesen Strom erlebe ich als Berührungen im Rücken, und diese Resonanz habe ich, wenn ich mit Seelen, die nicht (mehr) verkörpert sind, in Kontakt komme. Es sind geistige Wesenheiten anwesend, die sich in einem Strom auf das Goetheanum zubewegen, zum Nordeingang, der für sie konzipiert ist. Das können geistige Führerwesen, verstorbene Seelen und aufgestiegene Meister und sicher noch weitere Arten von geistigen Wesen sein. Diese Wesen sind vielleicht vergleichbar mit der eigenen Ahnenreihe und den persönlichen geistigen Führerwesen, die hier für den überindividuellen Impuls, der an diesem Ort gelebt werden möchte, ihre Hilfe anbieten.

Vor diesem Nordeingang ist ein Hüterwesen (ein von Rudolf Steiner in Funktion gebrachtes Elementarwesen) fokussiert, zwischen der ersten und zweiten Türe links, gerade bei der Treppenstufe. Wenn ich mit ihm in Kontakt komme, so spüre ich eine gewisse Verzweiflung, weil es seine Aufgabe, diesen Zugang für diese geistigen Wesenheiten aufrechtzuerhalten, kaum mehr erfüllen kann. Es hat mir gezeigt, dass nur noch im peripheren Bereich dieses Einganges kleine, dünne energetische Öffnungen vorhanden sind. Dieser Eingang ist auch auf der immateriellen Ebene geschlossen, aber dieses Wesen hat keinen «Schlüssel» dazu. Welche Ereignisse dazu geführt haben, habe ich nicht untersucht.

Eine solche Verbindung mit geistigen Wesenheiten kann für den einzelnen Menschen, aber auch für einen geistigen Impuls sehr hilfreich sein, weil uns diese Wesenheiten aus ihrem Andersraum heraus, aus der geistigen Welt heraus, andere Blickwinkel auf die Welt zeigen können. Auch ihre eigenen irdischen und geistigen Erfahrungen können sie uns als Inspiration zufliessen lassen. Wenn Rudolf Steiner jetzt das Goetheanum und die da wirkenden Menschen besuchen möchte, würde er diesen Eingang nehmen müssen.

Gesamtschau

Alle Realitätsebenen, die mir nach und nach zugänglich wurden, sind hier dargestellt, wobei ich eine ganz bewusst weggelassen habe, nämlich die strukturgebende Dimension. Sie ist eine Zwischenebene zwischen der Ätherwelt und der Physis. In diesen Bereich gehören Phänomene, wie Erdmagnetgitter, Curry- und Hartmann-Gitter sowie Wasseradern. Sie spielen für einen Ort eine eher untergeordnete Rolle (die Gitternetze sind auch sehr regelmässig und damit gleichmässig wirkend). Wenn sensible Menschen z.B. auf Kreuzungspunkten unter den Wirkungen dieser Phänomene leiden, nehme ich oft eine Unterdrückung der Ätherebene wahr, das heisst, die Ätherkräfte des Ortes sind schwach oder blockiert. Diese Manifestationen auf der strukturgebenden Ebene sind dann nicht mehr richtig eingebettet in die Lebenskräfte des Ortes und können so ein ungebührliches Gewicht bekommen. In einem solchen Fall würde ich nicht an diesen Formkräften manipulieren, sondern mit geeigneten Massnahmen die Ätherebene wieder aktivieren. In einem harmonischen Lebenskräfte-Feld «stören» diese Phänomene den gesunden Menschen normalerweise nicht.

In unserer Kultur, ich habe schon einmal darauf hingewiesen, haben wir die Erde mit einer negativen Wertung belegt. Und Erdkräfte, wie Wasseradern, Verwerfungen und Erdstrahlen, wurden als für den Menschen gefährlich bezeichnet. Wenn wir überzeugt sind, dass sie uns schaden, werden wir den Schaden auch bemerken, allerdings müssen wir uns klar werden, dass wir Menschen unsere Realitäten auch selber mitschöpfen. Und in diesem Fall wären eben nicht die Erdkräfte, sondern unser negatives Bild von ihnen die Ursache unserer Beeinträchtigung.

Dass diese ätherischen und astralen Realitätsebenen eine unterstützende und tragende Wirkung auf die Menschen und ihr Tun ausüben, können wir daran erkennen, wie sorgfältig Rudolf Steiner die Kräfte und Wesenheiten in der Gestaltung des Geländes und des Gebäudes einbezogen hat. Wir als Menschen sind Teil der ätherischen und astralen Welt, und wir können von diesem energetischen Umfeld her unterstützt werden in unserem Leben und Tun.

Auf den übrigen Realitäsebenen ausserhalb der strukturgebenden Dimension, wie Ätherwelt und Astralwelt, habe ich nur diese Beobachtungen in die Betrachtungen einfliessen lassen, die in einem für mich im Moment wahrnehmbaren Zusammenhang mit der Gestaltung im Gelände oder im Bau stehen. Es gibt daneben noch unzählige weitere Lebenskräfte-Ströme und Elementarwesen auf dem Gelände, welche noch weitere wesentliche Impulse im Landschaftsraum des Goetheanums geben. Jede Landschaft ist durchwoben von vielen verschiedenen ätherischen Qualitäten. Die Organe und Wesenheiten haben aber keine erkennbare Ordnung, nach der sie sich in einer

Landschaft anordnen. Wir können also nicht davon ausgehen, dass z.B. das vitalenergetische Zentrum immer im Südwesten des Gebäudes sein soll. Beim Menschen haben wir eine gleichartige Anordnung der Chakren im Körper, was eben auf die Holons der Natur nicht zutrifft.

Wenn ich die Installationen anschaue, so stechen sicher das Felsli, das Halbrundmäuerchen und der Drachenschwanz mit Rondell und Allee in die Augen. Sie befinden sich alle westlich und südlich des Goetheanums. Hier haben wir also Lebenskräfte, Elementarwesen und Engelwesen, die das Goetheanum auf verschiedenen Ebenen tragen. Im Norden haben wir den Eingang für die geistigen Wesen gefunden. In den erwähnten Richtungen sind auch die Eingänge des Goetheanums mit den markanten Gestaltungen im ersten Stock. Was liegt nun im Osten?

24. Dieser Birnbaum, der den Brand des Ersten Goetheanums überlebt hat, bildet eine Brücke zum Ostteil des Geländes, dem Bereich der menschlichen Kräfte.

Ich habe auf dieser Seite keine Installationen im geomantischen Zusammenhang gefunden, es gibt auch keinen markanten Eingang hier. Es geht also nicht um Erdkräfte (Westen und Süden) und Geistwesen (Norden). Im Osten des Gebäudes ist menschliches Wirken angesiedelt. Hier befinden sich Schreinerei, Ateliers und die Beete der Gärtnerei. Für mich ist das der Zukunftsraum, wo aus dem Wirken der Menschen neue Qualitäten geschöpft werden, die dann ihrerseits das Ätherfeld auf dieser Seite abrunden. Damals hat sich auch das Gelände noch nicht so weit gegen Osten erstreckt, und Rudolf Steiner hat nur spärliche Hinweise gegeben, wie dieses Gelände gestaltet werden könnte. Hier ist der Zukunftsaspekt angelegt.

Wir dürfen aber aus dem oben Gesagten keine starren Gesetzmässigkeiten ableiten, nach denen nun alle Gebäude entsprechend angelegt sein müssen. Wir haben hier ein Vorbild, wie Lebenskräfte eines Ortes in der Art, wie ein Gebäude darin eingebettet wird, das Leben und Wirken der Menschen in diesem Gebäude unterstützen kann. Eine solche Unterstützung der Kräfte kann nicht allein auf der materiellen Ebene erreicht werden. Wir brauchen die Mitarbeit der Elementarwesen, wenn solche Gestaltungen auch wirksam sein sollen. Dabei kann schon ein liebevoller Gedanke an das Elementarwesen zu einer Unterstützung führen.

Zum Schluss dazu ein kleines Beispiel: In einem Schulhaus wurde durch den Sturm die Pausenplatz-Kastanie so zerfetzt, dass sie gefällt werden musste. Die Lehrerinnen haben darüber gesprochen, wie sie mit der Situation umgehen wollten und beschlossen, ein kleines Schulhaus-Fest zu veranstalten, an dem der Baum in Dankbarkeit verabschiedet werden sollte. Nun hat mich eine Lehrerin angerufen, mit der Frage, wie das mit den Faunen sei, ob der Alte weg sei, ob er Hilfe bräuchte? Sie wollten einen jungen Baum am gleichen Ort setzen, ob der schon einen Faun habe. Nun ging ich zum Baumstrunk und stellte fest, dass der Faun noch sehr stark verankert war. Auf meine Frage, ob er weggehen wolle, kam ein eindeutiges Nein. Ich zeigte ihm mit einem Bild, dass geplant ist, den Wurzelstock mit einer Stockfräse zu zerkleinern und fragte ihn, wie er darauf zu reagieren gedenke. Da zeigte er mir, dass er sich ganz in die Tiefe zurückziehen werde. Nun besuchte ich den zukünftigen Kastanienbaum, der später im Areal gepflanzt werden sollte. Dort wohnte schon ein kräftiger Faun. Ich fragte ihn, wie er mit der Situation umgehe, dass der alte Faun den Platz nicht verlassen wolle. Und da zeigte er mir ganz klar, dass er sich sofort in die Gruppenseele zurückziehen wolle bei der Pflanzung.

Dadurch, dass diese Lehrer und Schüler so achtsam und herzverbunden mit dem Problem der Faune umgegangen waren, konnten die Faune die Situation wahrnehmen. Sie wussten, was auf sie zukommt und wie sie reagieren wollten. Der frisch gepflanzte Kastanienbaum hat sich innert kürzester Zeit zu einem überdurchschnittlichen Jungbaum entwickelt, der alte Faun ist weiterhin der Hüter des Pausenplatzes.

Aus dem Beschriebenen geht hervor, dass in einer ganzheitlichen Gestaltung die Gesinnung eine ganz wesentliche Rolle spielt. Wenn ich eine derartige Geländegestaltung rein aus der mentalen Ebene, aus Konzepten und Gesetzmässigkeiten heraus umsetzen will, wird es nicht richtig funktionieren, weil die Mitarbeit der Elementarwesen nur auf der Herzebene angesprochen werden kann. Und das, was Rudolf Steiner uns ans Herz gelegt hat, bei Geistesforschung und -arbeit immer zuerst an uns selber zu arbeiten, zeigt sich gerade auf dieser geomantischen Ebene. Mit einer unangebrachten Gesinnung, mit einem Bewusstsein, das nicht alle Ebenen einbezieht, mit einem Machtanspruch (vielleicht ganz unbewusst) als Schatten in unserem Ego, können wir auf diesen feinen Realitätsebenen auch viel Durcheinander bringen.

Ich erlebe diese Gestaltungen von Rudolf Steiner im Gelände als Geschenk und hoffe, mit diesem Buch einen Beitrag geleistet zu haben, dass dieses Geschenk von immer mehr Menschen wahrgenommen und gewürdigt werden kann. Damit kann der Leser vielleicht einen kleinen Entwicklungsschritt machen in die Richtung des von Rudolf Steiner für dieses Jahrtausend vorhergesagte spontane und moderne «Hellsehen», das für jeden von uns erreichbar ist.

Kreativer Umgang mit unharmonischen Situationen

Wie ich schon im Kapitel «Drachenschwanz und Westallee» geschrieben habe, kann durch menschliche Einwirkungen die energetische Situation eines Ortes geschwächt oder gestört sein. Im Kapitel «Warum hat Rudolf Steiner nichts über Geomantie gesagt?» habe ich auch vom Missbrauch dieser Kräfte für Machtzwecke gesprochen. Die Menschen haben also schon immer das Wissen, um mit diesen Kräften und Wesenheiten in ihrem Sinne umgehen zu können. Wenn solche Manipulationen möglich sind, so ist auch eine Auflösung möglich.
Das Wort «Erdheilung», das für derartige Harmonisierungen im energetischen Bereich oft verwendet wird, ist eigentlich nicht ganz korrekt. Die Erde ist heil, sie hat eine unglaubliche Lebenskraft, die sie uns in sogenannten Naturkatastrophen deutlich zum Ausdruck bringen kann. Es ist der Umgang des Menschen mit der Erde, der gewandelt werden möchte. Daher sind solche stärkende und harmonisierende Eingriffe letztlich ein Ausdruck eines gewandelten Bewusstseins des Menschen der Erde gegenüber.

Wir können uns das folgendermassen vorstellen: Jeder Ort hat eine Struktur wie ein Mandala, durch das die Lebensenergien fliessen. Es ist ein Grundmuster des Ortes. Nun hinterlässt jedes Leben auch seine Spuren: die Atmosphäre eines Ortes ändert sich, wenn ein Vogel seinen Gesang hineinschenkt. Aber auch menschliche Gedanken, Gefühle etc. hinterlassen ihre energetischen Spuren in diesem Mandala. Wenn wir einen Ort harmonisieren, so ist es eigentlich eine Arbeit, welche blockierende Muster in diesem Mandala auflöst, so dass die Lebensenergie wieder in der Grundstruktur des Ortes fliessen kann.

Im künstlerischen Arbeiten haben wir die Möglichkeit, die Verbindung in die geistige Welt konkret aufzubauen. Ein echtes Kunstwerk manifestiert etwas aus der geistigen Welt in die Materie hinein. Es kann auch umgekehrt sein: ein künstlerisches Schaffen verändert die geistigen Realitäten. So hat Marko Pogačnik die Lithopunktur neu entwickelt, bei der an Akkupunkturpunkten der Erde Steinstelen aufgestellt werden, in die ein Kosmo-

25. Steinstele mit Kosmogramm von Marko Pogačnik. Die Stele befindet sich auf einem Akkupunkturpunkt auf der Petersinsel (Bielersee).

26. In einem gemeinsamen Prozess arbeitete eine Gruppe im Jahr 2000 in Mostar an den energetischen Folgen des Krieges. Durch Singen wird ein blockierendes Muster aufgelöst.

gramm mit dem geistigen Grundmuster des Ortes eingemeisselt ist. Eine weitere Möglichkeit des Wirkens ist eine Gruppenarbeit mit Singen. Dabei wird die Schwingung eines Ortes mit Tönen ausgedrückt. Die Gruppe geht an einem Akkupunkturpunkt in Resonanz mit dem Ort und drückt seine momentane Situation aus. Das ist anfänglich meist unharmonisch. Durch dieses in Schwingung versetzt werden durch die Töne, beginnt der Ort sich zu bewegen, blockierende Muster werden aufgelöst, der Ort verändert sich. Dabei ist am Singen der Prozess zu erleben, das Singen verändert sich auch in Richtung Harmonie. In diesen harmonischen Klängen kann sich der Ort neu strukturieren, sein Mandala lässt die Lebensenergien wieder im ursprünglichen Muster fliessen.

Eine weitere Möglichkeit ist eine Gruppenarbeit mit Farben. Nicht mit physischen Farben, denn ich will ja die geistigen Ebenen erreichen. Daher kann ich die Farben in der Vorstellung bilden, sie visualisieren. Dabei wird oft mit Violett als Farbe der Transformation, mit Grün als Farbe der Liebe oder mit Kristallweiss als reine Lichtschwingung gearbeitet.

Es ist wichtig, dass wir eine solche Arbeit achtsam tun, den Ort oder seine Wesenheiten auch fragen, ob die Zeit reif ist dafür. Auch mache ich sie nie allein, sondern immer mit anderen Menschen zusammen. Dabei wird das Wort «wo zwei und drei sich in meinem Namen ...» erlebbar, die Arbeit wird durch diese Christuskraft unterstützt.

Dass die Wesenheiten ein Interesse an helfender Zusammenarbeit haben, zeigen Beispiele. Ich hatte in Zusammenarbeit mit einer Biologin in einem Naturschutzgebiet gerade neben dem Flughafenareal in Kloten eine Harmonisierung geplant. An einem Abend bei mir zuhause spürte ich plötzlich die Präsenz eines hohen Wasser-Elementarwesens. Ich versuchte in Kontakt zu kommen und zu verstehen, wieso es zu mir gekommen ist. Ich hatte in der Vorbereitung dieses Seminars auf der Karte festgestellt, dass die Landschaftskönigin mitten im Flughafenareal fokussiert war. Und diese Landschaftskönigin, so spürte ich den Zusammenhang, besuchte mich jetzt und bat um Hilfe. Sie fragte mich, ob ich mit der Gruppe ihren Fokus in dieses Naturschutzgebiet verlegen würde. Sie zeigte mir auf der Karte den Ort, der geeignet wäre, und in der konkreten Vorbereitung führte sie mich ganz präzise an den von ihr gewünschten Ort. In einem Ritual, Singen mit geführter Meditation, haben wir ihren Fokus hier neu verankert, ihre Präsenz war anschliessend deutlich spürbar.

Oder im Frühjahr 2003 habe ich mit einer Gruppe in Freising am Weihenstephaner Berg gearbeitet, dem Ursprung der Stadt. Wir haben schwer blockierende Muster aufgelöst. Drei Tage später hat mich eine Frau angerufen, die in diesem Stadtteil wohnt und mitgearbeitet hat. Sie wurde richtiggehend bedrängt von Seelen, welche sich nicht ins Licht schicken liessen. Sie hatten ein konkretes Anliegen: Es war in diesem Gebiet, in dem wir gearbeitet haben, ein Tor zur Anderswelt, welches aber verstopft war. Diese Seelen hatten bemerkt, dass hier Menschen an der energetischen Struktur gearbeitet haben und haben ihr Bedürfnis angemeldet. Was ist nun ein Tor zur Anderswelt. Ich habe (zum ersten Mal in Sarajevo an der Bosa-Quelle, zusammen mit Marko Pogačnik) erlebt, dass Seelen nach dem Schwellenübergang spezielle unterirdische Räume aufsuchen. Es gibt dazu Tore und Räume. Wir haben ja diese Unterweltvorstellungen in verschiedensten Kulturen in der Überlieferung. Die Geomantie gibt einen neuen Zugang dazu. In diesem Zusammenhang gibt es dann auch Orte, wo die Seelen anschliessend durch einen Lichtkanal in die kosmischen Weiten aufsteigen. Wir machten dann eine gemeinsame Meditation, um den Seelen einen Warteraum zuzuweisen und sie zu bitten, sich zu gedulden, bis ich wieder dorthin reisen konnte. Das hat für die betroffenen Menschen die Wartezeit erträglich gemacht, und nachdem wir diese Arbeit am Tor zur Anderswelt leisten konnten, ist jetzt die Atmosphäre in Weihenstephan wunderbar klar und die Seelen haben sich ganz in ihren eigenen Bereich begeben. Der Ort in Freising, wo sich dieser Lichtkanal des Seelenaufstieges befindet, ist durch eine Kapelle unterstützt. Rund um das Altarbild sind alle Gestalten aus Silber (Mondenkräfte, verstorbene Seelen) und in einem schwebenden Zustand dargestellt.

27. Altöttinger Kapelle. Gnadenbild: Kopie der Altöttinger Madonna, 17. Jahrhundert.

Solche Hilferufe aus der geistigen Welt sind ein Zeichen, dass eine Harmonisierungsarbeit reif ist, ja sogar, dass wir

Menschen hier eine Verantwortung zu übernehmen haben. Ich habe mehrmals auf die Erdwandlungsprozesse seit 1997 hingewiesen. In diesem Zusammenhang habe ich auch Elementarwesen entdeckt, die sich erst jetzt «inkarniert» haben, es sind neue Elementarwesen. Diese Wesen haben die Aufgabe, die Selbstheilungskräfte der Erde zu aktivieren. Die Erde will sich selber reinigen. Dabei habe ich aber oft festgestellt, dass sie noch wie in einem jenseitigen Zustand sind, ihr Bezug zur Raum-Zeit-Dimension ist noch nicht hergestellt. Sie warten auf die Menschen, die ihnen diese Verbindung aufbauen, damit sie in ihre Funktion kommen können. Diese Wesenheiten sind nicht mehr einem einzigen Element zugeordnet, sie haben zwei, drei oder gar alle vier Elemente in sich tragend. Dazu kommt eine starke kosmische Verbindung, sie haben einen Bezug zur Christuskraft, es sind nicht mehr reine Erdenwesen. Daher fallen solche Harmonisierungsarbeiten heutzutage immer leichter, weil wir gezielt auch die Hilfe dieser Wesen in Anspruch nehmen können.

Danksagung

Zum Entstehen dieses Buches gebührt Raffael Kleinmann ein grosses Dankeschön. Er hat mich ermutigt, die geomantischen Strukturen des Goetheanum-Geländes, wie sie hier dargestellt sind, zu untersuchen, hat mir Quellen und Unterlagen beschafft und mir einen wunderbaren Start in diese Arbeit ermöglicht. Marko Pogačnik, von dem ich viele wertvolle Impulse für diese Arbeit bekommen habe, und der im Dezember 2002 mit mir die hauptsächlichen Plätze gemeinsam untersucht hat, bin ich tief dankbar. Gerade durch den Austausch mit ihm und mit meinem Freund Helmut Sallinger habe ich meine Wahrnehmungen immer wieder überprüfen können und dadurch das nötige Vertrauen gewonnen, mit meinen Erfahrungen an die Öffentlichkeit zu gehen. Die meisten Fotos hat mein Sohn Benedikt Bachmann gemacht, der als Journalistik-Student seine Fähigkeiten hier eingebracht hat. Auch ihm sei herzlich gedankt. Auch aus der geistigen Welt habe ich Hilfe bekommen, für die ich dankbar bin. Die Elementarwesen der verschiedenen Plätze, die mir in manchen Situationen behilflich waren.

Fritz Bachmann
Salenstein, im Juni 2003

Literaturverzeichnis

Tanis Helliwell: Elfensommer – meine Begegnung mit den Naturgeistern, Verlag Neue Erde

Marko Pogačnik: Erdsysteme und Christuskraft – das Evangelium für das Menschwerden, Knaur Verlag

Marko Pogačnik: Und die Erde wandelt sich, Knaur Verlag

Blanche Merz: Orte der Kraft in der Schweiz, AT-Verlag

Marko Pogačnik: Geheimnis Venedig – Modell einer vollkommenen Stadt, Diedrichs Verlag

Marko Pogačnik: Wege der Erdheilung, Knaur Verlag

Johanna von Keyserlingk: Erlöste Elemente, Mellinger Verlag

Weitere empfehlenswerte Literatur

Marko Pogačnik: Schule der Geomantie, Knaur Verlag

Elementarwesen – die Gefühlsebene der Erde, Knaur Verlag

Die Erde heilen – das Modell Türnich, Diedrichs Verlag

Die Landschaft der Göttin – Heilungsprojekte in bedrohten Regionen Europas, Diedrichs Verlag

Brasilien – Ein Pfad zum Paradies, Edition ecorna

Ana Pogačnik: Licht des Herzens – Botschaften aus der Engelwelt, Edition ecorna

Ajra Miska-Pogačnik: Von der Ewigkeit berührt, Ed. ecorna

Peter Frank: Weilheim – die Stadt, das Land, der Fluss, Ed. ecorna